Ludwig Heller

Halâyudha's Kavirahasya. Einleitung

Ludwig Heller

Halâyudha's Kavirahasya. Einleitung

ISBN/EAN: 9783743489233

Hergestellt in Europa, USA, Kanada, Australien, Japan

Cover: Foto ©Lupo / pixelio.de

Manufactured and distributed by brebook publishing software
(www.brebook.com)

Ludwig Heller

Halâyudha's Kavirahasya. Einleitung

Halâyudha's Kavirahasya.

Inaugural-Dissertation

zur

Erlangung der Doctorwürde

der

hohen philosophischen Fakultät der Georg-Augusts-Universität

zu Göttingen

vorgelegt

von

Ludwig Heller

aus Travemünde.

Einleitung.

Göttingen 1894.

Druck der Dieterich'schen Univ.-Buchdruckerei

(W. Fr. Kästner).

Marburg. Universitäts-Buchdruckerei (R. Friedrich).

Halâyudha's Kavirahasya.

Inaugural-Dissertation

zur

Erlangung der Doctorwürde

der

hohen philosophischen Fakultät der Georg-Augusts-Universität

zu Göttingen

vorgelegt

von

Ludwig Heller

aus Travemünde.

Einleitung.

Göttingen 1894.

Druck der Dieterich'schen Univ.-Buchdruckerei

(W. Fr. Kästner).

Tag der mündlichen Prüfung: 27. Juni 1893.
Referent: Herr Professor Dr. Kielhorn.

Meiner guten Mutter

zum 60sten Geburtstage.

Bei der hohen philosophischen Fakultät zu Göttingen reichte ich im Juni 1893 eine kommentierte Ausgabe beider Recensionen des *Kavirahasya* als Promotionsschrift ein.

Die hier gedruckten Blätter bilden die Einleitung zu dieser Arbeit. Texte, Anmerkungen u. s. w. werden in Indien erscheinen.

Meinem hochverehrten Lehrer, Herrn Professor Kielhorn, der mich in das Studium des Sanskrit einführte und mir auch die Anregung zu dieser Arbeit gab, möchte ich hier für treue Unterweisung und väterliche Fürsorge öffentlich meinen herzlichsten Dank aussprechen.

Berlin, im Februar 1894. Ludwig Heller.

I. Halâyudha's Kavirahasya

gehört zur Literatur der *Dhâtupâṭha*, nimmt aber gegenüber andern Vertretern dieses Zweiges der Grammatik insofern eine Sonderstellung ein, als in ihm nicht, wie sonst üblich, die Wurzeln in ihrer *upadeça*-form gegeben werden, sondern flektiert, in der 3. sg. oder 3. pl. ind. praes. erscheinen. Am Besten lässt sich das *Kavirahasya* mit dem *Bhaṭṭikâvya* und *Hemacandra's Caulukyadvyâçraya* vergleichen. Denn wie in diesen beiden Werken die Geschichte des *Râma* oder die Thaten der *Caulukya*-fürsten besungen werden, mit der ausgesprochenen Absicht, dabei grammatische Regeln zu illustrieren, so haben wir hier ein Lobgedicht auf einen König *Kṛshṇarâja* vom *Dekkhan*, mit dem Princip, die Präsensbildung des Verbums zu veranschaulichen.

Das *Kavirahasya* besteht aus 299 Strophen. Abgesehen von 6 einleitenden und einer Schluss-strophe illustriert jede zwei oder mehrere gleich oder ähnlich lautende Wurzeln. Die Strophen stehn untereinander im allgemeinen nicht in logischem Zusammenhang. Jede bildet ein Ganzes für sich allein. Auch ist es mir nicht gelungen, ein etwa auf den Wurzeln fussendes Anordnungsprincip zu entdecken[1]). Jede Strophe enthält mehrere Sätzchen, die unter einander allerdings in Gedankenzusammenhang zu stehn pflegen.

Ausser dem eben beschriebenen Werke ist noch ein zweites, kürzeres, von 276 Strophen, auf uns gekommen, das

1) ausser dass hie und da zwei im *Dhâtupâṭha* auf einander folgende Wurzeln in zwei auf einander folgenden Strophen illustriert sind.

gleichfalls den Namen *Halâyudha's Kavirahasya* trägt [1]). Ich nenne das längere *α*, das kürzere *β*. Die beiden Schriftchen stehn in der allerengsten Beziehung zu einander, ihr Charakter ist durchaus der gleiche. Ungefähr 50 Strophen aus *α*, darunter die meisten der einleitenden, finden sich unverändert in *β* wieder, andere in mehr oder minder modificierter Form. Einige korrespondierende Strophen haben schliesslich nichts weiter mit einander gemein als eine oder zwei Verbalformen. In jedem der beiden Werke findet sich ausserdem ein Rest von Strophen, zu denen das andere nichts Entsprechendes aufzuweisen hat. Eine Aehnlichkeit zwischen den Recensionen besteht auch darin, dass im Anfang beider Werke eine grössere Anzahl von Verbalformen in den einzelnen Strophen erscheint; die Zahl wird immer kleiner und sinkt bis auf 2; zum Schluss treten dann noch einmal 4 Formen in jeder Strophe auf. Von diesen 4 Wurzeln sind aber immer nur je 2 durch Gleichklang oder Aehnlichkeit verbunden; das gilt für *α* wie für *β*. So enthält z. B. *α*, 286: *namati, namasyati, ṛdhyati, ṛdhnoti* u. s. w. Grosse Uebereinstimmung zwischen *α* und *β* herrscht ferner bei der Verteilung der Metra auf die einzelnen Partien des Werkes. Beide Recensionen verwenden im Anfang überwiegend längere Strophenformen, später nur epische Çloken. — Nur die Reihenfolge der einander entsprechenden Strophen ist recht verschieden. Aber auch in *β* herrscht kein Anordnungsprincip. Es besteht auch hier weder zwischen den ausgesprochenen Gedanken noch zwischen den dargestellten Wurzeln irgend ein fortlaufender Zusammenhang [2]).

Es entsteht nun zunächst für uns die Aufgabe, festzustellen, welche von beiden Recensionen als die ursprüngliche zu gelten hat. Ist *α* das eigentliche *Kavirahasya*, und *β* eine spätere Nachbildung desselben? oder umgekehrt?

Da auf den ersten Blick Anlage und Ausführung beider Werke völlig homogen erscheinen, so müssen wir nach Einzelheiten suchen, die uns feste Anhaltspunkte zu gewähren im

1) Ueber die Schlussstrophe s. u.

2) Die für *α* in der Note auf S. 7 gemachte Ausnahme gilt auch für *β*.

stande sind. An solchen Argumenten fehlt es nun zum Glück nicht, so dass wir die Prioritätsfrage mit Sicherheit zu Gunsten von *α*, der längeren Recension, entscheiden können. Wir haben in *α* das prius und in *β* das posterius vor uns.

Die Gründe für diese Behauptung sind folgende:

In *β* lautet Str. 182:

yo na vañcayate kiṁcit sadâ satyaparâyaṇaḥ |
vañcanti ca çaraccandraçucayo dikshu yadguṇâḥ ||

„Er (König *Kṛshṇa*) täuscht niemanden, da ihm immer vor allem die Wahrheit am Herzen liegt; und seine Tugenden, lauter wie der Herbstmond, schweifen in alle Himmelsrichtungen (sind überall bekannt)".

Die entsprechende Strophe in *α* (235) lautet:

vañcanti yadguṇâ dikshu çaraccandrâṁçunirmalâḥ |
vañcayante cakorâṁç ca jyotsnâpânakṛtodyamân ||

„Es schweifen seine Tugenden, lauter wie die Strahlen des Herbstmondes, in alle Himmelsrichtungen, und täuschen so die Cakoravögel, die bemüht sind, Mondstrahlen einzuschlürfen".

Da haben wir also in *α* eine Strophe, wie sie auch bei *Kâlidâsa* stehn könnte, ein echt indisches Bild, beruhend auf der Anschauung, dass die Cakoravögel sich von Mondstrahlen nähren. Statt des geschlossenen Gedankens finden wir in *β* zwei unvermittelt neben einander gestellte Sätze: „er täuscht niemanden", „seine Tugenden schweifen in alle Himmelsrichtungen"; und zu den Tugenden das auffällige Beiwort „lauter wie der Herbstmond". Niemand wird behaupten, dass diese beiden abgerissenen Sätze das prius gewesen seien, und dass aus ihnen dann, fussend auf dem Epitheton *çaraccandraçucayaḥ*, bei dem noch dazu der Begriff der Strahlen fehlt, der einheitliche, in sich geschlossene Satz mit dem voll ausgeführten Bilde von den mondstrahldürstenden Cakoravögeln entstanden sei. Wir haben vielmehr in *β* einen letzten durch Verstümmelung unkenntlich und unverständlich gewordenen Rest dieses Bildes vor uns. Wie der Ausdruck *çaraccandraçucayaḥ* in die *β*-Strophe hineinkommen konnte, wird uns überhaupt erst klar, wenn wir die α-Strophe kennen.

Dieses eine Beispiel würde genügen, die Posteriorität von β darzuthun. Allein es wird noch unterstützt durch eine Reihe anderer Argumente:

β 17 wird gesagt: Der *jalarañku* schreit (oder singt) so herzerfreuend wie der Liebesgenuss mit einer von Manmatha berauschten Geliebten *(kvaṇati ca jalarañkur Manmathonmattakântâratirasaramaṇîyam*[1]*)*. Das ist barer Unsinn! Wie soll ein Autor, und sei er ein Versifex traurigster Art, ohne irgend einen Anhaltspunkt, aus freier Erfindung, auf den Gedanken kommen, die Stimme eines Vogels mit dem Liebesgenuss zu vergleichen. Es fehlt ja jegliche Beziehung zwischen den beiden verglichenen Begriffen. Dass und wie dieser Satz entstehn konnte, wird uns auch hier erst klar, wenn wir entsprechende Strophen in α ansehen; in α wird der Schrei des Vogels mit dem Laute verglichen, den eine Frau beim Liebesgenuss ausstösst (α, 33: *ratonmadakâminîmaṇitamadhuraṁ knûyante ca kvacij jalarañkavaḥ*; α, 43 *Karṇâṭîsuratasvarânukaraṇaiḥ koyashṭikaḥ kûjati)* Das ist verständlich! In α haben wir das Richtige und Ursprüngliche vor uns. Die β-Strophe enthält eine ungenaue und verschwommene Wiedergabe des in α ausgesprochenen Gedankens.

β, 44: *bâṇâvaliṁ kiraty âjau karoti çaramaṇḍalam*; „eine Schar von Pfeilen entsendet er im Kampfe und stellt so einen Kreis von Geschossen her". Das liesse sich zur Not erklären. α, 55 steht aber *maṇḍapam* statt *maṇḍalam*. Also eine Halle von Pfeilen stellt er her, d. h. seine Geschosse fliegen so dicht, dass sie gleichsam ein Gewölbe bilden; der Raum zwischen dem Könige und seinen Feinden ist überdacht mit einer gewölbten Decke fliegender Pfeile. Da ist selbstverständlich aus dem doch immerhin selteneren Worte *maṇḍapam* das ordinäre *maṇḍalam* geworden.

α, 282: *sâhlâdaṁ hlâpayati* (er redet freundlich an); β, 197 *sâhlâdaṁ lâpayaty (G. jâpayaty)*. Die Priorität der

---

1) *L. T.* °*cittânavarata*° statt *kântâratirasa*°.

Lesart von *α* ist gesichert durch *anuprâsa (hl)*. Die *Dhâtupâṭha*, wenigstens so weit sie mir zugänglich sind, führen als *curâdi*-Wurzel nur *hlap*, nicht *lap*, auf. Wie leicht konnte in Anlehnung an das vorausgehende *lapati* in *β* ein *lâpayaty* entstehen!

So trägt auch *α*, 266: *bhanakti bhâminînâṁ*[1]) *ca dṛshṭyâ mânam Anañgavat* den Stempel der Ursprünglichkeit gegenüber *β* 133: *kâminînâṁ* statt *bhâminînâṁ*. *bhâminînâṁ* alliteriert mit *bhanakti*. Das nicht so häufige Wort ist in *β* durch das gewöhnliche *kâminînâṁ* ersetzt.

β, 48 *sarvâyasaṁ karinị muñcati kañkapattraṁ yaç ca pramocayati cañcalam açvakâye* (*B. teshv asadarthakâ ye L. T. F. pâpacayañ ca kâye*) „den ganz eisernen *kañkapattra* (eine Art Pfeil) schiesst er auf den Elephanten, und er entsendet den unsteten (nämlich *kañkapattram*, so muss man doch ergänzen) auf den Leib der Rosse". *α*, 60 hat statt *cañcalam* aber *tadbalam*, ein sehr seltenes (nur in *Halâyudha's Abhidhânaratnamâlâ* und dem von ihr abhängigen *Abhidhânacintâmaṇi* des *Hemacandra* belegtes), und infolge seiner Form sicher leicht zu Missverständnissen anlassgebendes Wort für eine besondere Pfeilart. Dass *tadbala* das Ursprüngliche ist, bedarf keiner Auseinandersetzung.

Ebenso liegt es am Tage, dass wir *α*, 31 *udghaṭṭate na paramarma sa dharmaçîlaḥ* („nicht berührt er, der Tugendhafte, mit hartem Schlage die Achillesferse seines Nächsten") in *marma* die alte Lesart vor uns haben gegenüber einem in *β*, 165 überlieferten *dharmaṁ* (oder gar *karma C. A. Bh³. G.*), *udghaṭṭate na kasyâpi dharmaṁ (karma) dharmaparâyaṇaḥ* („nicht verletzt er irgendjemandes Recht, er, dem vor allem das Recht am Herzen liegt"). Die letzten fünf Fälle haben — das sei nicht verschwiegen — nicht die absolute Beweiskraft wie der erste und zweite. Es könnte jemand sagen: *maṇḍalam*, *lâpayaty*, *kâminînâṁ*, *cañcalam*, *dharmaṁ* sind nicht ursprüngliches Gut von *β*; der *β*-Verfasser hat *maṇḍapam*, *hlâpayaty*, *bhâminînâṁ*, *tadbalam*, *marma* geschrieben; erst eine spätere Handschrift hat daraus

1) *D. mâninînâṁ.*

maṇḍalam, lâpayaty, kâminînâṁ, cañcalam, dharmaṁ (karma) gemacht. Ein Grund für diese Annahme ist jedoch durchaus nicht vorhanden.

Schliesslich sei noch auf folgende beiden Strophen hingewiesen:

β, 217: *ûrjanti vividhâbhiç ca bhrântibhir yasya vâraṇâḥ* |
ûrjayanti . . . . padâtayaḥ ||

„Es gedeihen durch mannigfaches Umherschweifen seine Elephanten, es gedeihen . . . seine Fussoldaten". Welcher Gedanke dem etwas sehr allgemeinen Ausdruck „durch mannigfaches Umherschweifen" aller Wahrscheinlichkeit nach zu Grunde liegt, wird deutlich, wenn wir die betreffende Strophe in *α* vergleichen (263):

yasyorjati gajânîkam ûrjayanti ca vâjinaḥ |
yatheshṭaṁ pararâshṭreshu carantaḥ sasyaçâkaṭam ||

„Es gedeiht seine Elephantenschar, und es gedeihen seine Rosse, da sie nach Herzenslust auf dem Getreidefeld in Feindesland sich tummeln können". Sehr künstlich wäre die Annahme, dass die verschwommene Begründung *vividhâbhir bhrântibhiḥ*" der Ausgangspunkt für das klare „*yatheshṭaṁ pararâshṭreshu carantaḥ sasyaçâkaṭam*" gewesen sei. Leicht dagegen ist die Annahme, dass *vividhâbhir bhrântibhiḥ* eine kurze, aber ungeschickte Wiedergabe der in *α* gegebenen Begründung sei. Doch ist diese Stelle nicht absolut beweisend, da schliesslich mit „*vividhâbhir bhrântibhiḥ*" auch etwas Anderes gemeint sein k ö n n t e, z. B. dass vielfaches Umhertummeln in Kriegszügen die Kraft seiner Elephanten stähle. Dann brauchte eben kein innerer Zusammenhang zwischen der Wendung in *α* und der in *β* zu bestehn. B e g r ü n d e t ist diese letzte Annahme durch n i c h t s.

Schon *B h â ṇ ḍ â r k a r* führt (Report für 1883—84, pag. 9) einen Grund dafür an, dass die kürzere Recension eine spätere Korruption sei. Er sagt: „I must, however, not omit to mention that the Maratha copy [kürz. Rec.] of the *K a v i r a h a s y a* omits the expression „*R â s h ṭ r a k û ṭ a kulodbhavam*" [*α*, 164; var. lect.: °*lodvaham*] and reads the whole verse very differently [*β*, 207]. Similarly, instead of „*S o m a v a ṁ*-

çavibhûshaṇaḥ" [α, 181][1]) we have in that copy „*paralokajigîshayaḥ(yâ)* [β, 244]. But these must be regarded as later corruptions. For if the names of the *Râshṭrakûṭa* family and the *Soma* race did not exist in the text as *Halâyudha* wrote it, nobody could have afterwards added them. Corruption must proceed from what is particular to what is general or from one generality to another, but not from what is general to what is particular. There can be nothing to lead a later reader or writer to introduce such a particular name as *Râshṭrakûṭa*". Diese Erwägung hat etwas sehr Ansprechendes, und kann recht als Stütze anderer Argumente verwandt werden. Doch, das dürfen wir uns nicht verhehlen, ein strikter Beweis ist durch sie allein noch nicht erbracht; denn es wäre, wenn auch durchaus nicht wahrscheinlich, so doch schliesslich möglich, dass ein späterer Autor die Ausdrücke *Râshṭrakûṭakulodbhavam (°lodvaham)* und *Somavaṁçavibhûshaṇaḥ* bei seiner Nachbildung einführte, natürlich nur unter der Voraussetzung, dass er noch wusste, wer mit König *Kṛshṇa* vom *Dekkhan* gemeint sei.

Dann sei noch kurz auf einen wichtigen Umstand hingewiesen, von dem sich jeder leicht selbst überzeugen kann: der Stil von β ist im allgemeinen schlechter und die Gedanken sind matter als in α. Jeder, der unbefangen eine Reihe einander entsprechender Strophen vergleicht, wird, unabhängig von allen angeführten Gründen, den Eindruck gewinnen, dass β ein inferiores Machwerk ist.

Wir haben also ausser scharf beweisenden Gründen eine Reihe von Thatsachen, die, wenn man sie schlicht und natürlich deutet, das durch die Gründe erwiesene Faktum bestätigen:

---

1) ebenda: „in another [verse] he is called „the ornament of the Lunar race" *(Somavaṁçavibhûshaṇa)*, and we know from the *Khârepâṭan* plates that the *Râshṭrakûṭas* who ruled over the *Dekkan* were considered to have belonged to the family of *Yadu* which was an offshoot of the Lunar race".

α ist das ursprüngliche Werk, *β* ein späteres Produkt.

Die Frage nach der Entstehungsart der jüngeren Recension lässt sich leider nicht so einfach und sicher lösen wie die Prioritätsfrage. Wir bleiben hier auf eine Hypothese angewiesen. Eine Depravation auf dem Wege des Abschreibens ist — das lehrt ein flüchtiger Blick in die beiden Texte — völlig ausgeschlossen; dazu ist die Entstellung viel zu umfangreich. Wir haben eine Neuschöpfung vor uns. Da läge es also am nächsten, eine Bearbeitung anzunehmen. Jede solche Bearbeitung muss aber doch von irgend einem Gesichtspunkte aus geschehen. Nun ist allerdings manches Wurzelmaterial fortgelassen, einiges neu hinzugekommen; allein abgesehen davon findet sich eine Masse völlig willkürlicher, durch nichts begründeter Veränderungen sowohl innerhalb der einander entsprechenden Strophen als auch in der Reihenfolge derselben, so dass mir die Annahme einer Bearbeitung durchaus nicht in den Sinn will. Ich sehe nicht, was jemanden bewogen haben könnte, ein derartiges zweckloses Durcheinanderwerfen und Umgestalten vorzunehmen. Ich möchte nun auf eine naheliegende Vermutung hinweisen. Das *Kavirahasya* wird ein Schulbuch gewesen und deshalb viel auswendig gelernt sein; es macht den Schüler vermittelst einer bequemen pädagogischen Methode mit Form und Bedeutung einer Anzahl von Verben bekannt. Sollten wir nun in der jüngeren Recension einen Versuch vor uns haben, das *Kavirahasya* aus dem Kopfe niederzuschreiben? Das ging mit den ersten Strophen ganz gut; bekanntlich weiss man von memorierten Dingen den Anfang gewöhnlich am besten. Daher stimmen die beiden Recensionen in den einleitenden Partien ziemlich gut zusammen. Nachher liess aber den Schreiber sein Gedächtnis im Stiche; und nun gestaltete er nach eigenem Ermessen, in starker Anlehnung an seine zahlreichen Reminiscenzen aus dem *Kavirahasya*. Auch an der Verteilung der Metra und an der Zahl der in den einzelnen Strophen illustrierten Wurzeln hielt er im grossen Ganzen fest (s. o.).

Ich glaube, diese Hypothese gewinnt bei näherer Betrachtung korrespondierender Strophen bedeutend an Wahrscheinlichkeit. Absichtlich wird doch wohl kaum jemand die oben erwähnte α-Strophe von den Cakoravögeln, wenn sie ihm vorliegt, in die matte β-Strophe umwandeln. Der Verfasser der jüngeren Recension hatte eben nur eine dunkle Ahnung, dass im *Kavirahasya* an der betreffenden Stelle vom Herbstmonde die Rede war, ohne den Gedanken scharf in der Erinnerung zu haben. Nur so konnte er dazu kommen, den Tugenden das Epitheton *çaraccandraçucayaḥ* zu geben.

Nach *Bhâṇḍârkar* a. a. O. überwiegt die längere Recension in einem Landstrich, die kürzere in einem andern (the text of the *Kavirahasya* prevailing in one part of the country differs widely from that in use in another). Das von *Bhâṇḍârkar* benutzte Ms. der längeren Recension stammt aus *Pâṭân* in *Gujarât*, das der kürzeren aus dem *Marâṭha*-Lande [1]).

Wann wurde das *Kavirahasya* verfasst?

Das Werkchen ist, wie schon erwähnt, ein Lobgedicht auf einen König *Kṛshṇarâja* vom *Dekkhan* (s. α, 6). *Westergaard* nahm nun an, dass es sich um den bekannten König *Kṛshṇa* von *Vijayanagara* (*Westerg.*: *Vidyâ n°*) handele, und setzte das *Kavirahasya* in den Anfang des 16. Jh. A. D. (Rad. sanscr. praef. VII). Dass diese Annahme falsch ist, hat *Bhâṇḍârkar* (Report 8) überzeugend dargethan. Der Heros des *Kavirahasya* wird nämlich ein Spross des *Râshṭrakûṭa*-geschlechtes genannt (s. o.), eine Bezeichnung, die auf König *Kṛshṇa* von *Vijayanagara* nicht passt. Es hat im *Dekkhan* drei Könige namens *Kṛshṇa* aus der *Râshṭrakûṭa*familie gegeben, nämlich:

Kṛshṇa I (um 753—775 A. D.),
Kṛshṇa II (bezeugt 875, 902 und 911 A. D.),
Kṛshṇa III (bezeugt von 940 bis 956 A. D.),

(s. *Bhâṇḍârkar* Earl. hist. Dekk. pag. 57, und Epigr.

1) Beide sind in einer Abschrift für diese Arbeit verwandt (s. u.).

Ind. Vol. II pag. 168). Zu Ehren eines derselben muss das *Kavirahasya* gedichtet sein. *Bhâṇḍârkar* neigt zu der Ansicht, dass *Kṛshṇa* I gemeint sei. Zur Begründung dieser Annahme bemerkt er: das *Kavirahasya*, das zwei Recensionen aufzuweisen hätte, die ebenso beträchtlich, wenn nicht noch stärker, von einander divergierten als die Devanâgarî- und die Gauḍî-Recension des *Çâkuntala*, müsse notwendig ein verhältnismässig hohes Alter haben. Ich möchte mich so ausdrücken: Gesetzt, *Bhâṇḍârkar's* Grundsatz ist richtig, so zwingt uns der Umstand, dass grade die jüngere Recension des *Kavirahasya* wieder ganz erhebliche, tief einschneidende Textdifferenzen in ihren einzelnen Handschriftengruppen aufweist, dazu, schon ihr eine frühe Abfassungszeit zuzuweisen, um wie viel mehr der älteren Recension, ganz abgesehen von den chronologischen Anhaltspunkten, die wir thatsächlich haben. Allein diese Ueberlegung dürfte uns kaum berechtigen, ein Urteil darüber zu fällen, ob das *Kavirahasya* nun vor 900 oder vor 1100 Jahren entstanden ist. Beide Zeitpunkte lassen sich für unsern Fall als relativ früh bezeichnen. So sagt denn auch *Bühler* (Ind. Ant. XVIII, 185ᵃ) mit Recht: „which of the three *Râshṭrakûṭa Kṛshṇarâja's* is the theme of *Halâyudha's* laudation, cannot be determined for the present. It may have been *Kṛshṇarâja* I, as Dr. *Bhâṇḍârkar* thinks, but there is no proof for the assertion". Das *Kavirahasya* selbst enthält keine weiteren Angaben, die für eine genauere chronologische Bestimmung verwendbar wären. Der König war zur Zeit der Abfassung des Werkes noch ein junger Mann, denn es scheint mir kein Grund vorzuliegen, an der Richtigkeit der in *α*, 120 gemachten Angabe zu zweifeln[1]). *α*, 139 wird darauf hingewiesen, dass *Kṛshṇarâja* die Residenz des *Malaya*-Fürsten in Flammen aufgehn liess. Von einer Besiegung der *Malaya* durch einen der drei in Frage kommenden Könige wissen wir nichts. Nahe liegt der Verdacht, dass es sich hier lediglich um

---

1) *α* 120: ***stambhate purushaḥ prâyo yauvanena dhanena ca |***
na stabhnâti kshitîço 'pi na stabhnoti yuvâpy asau ||

eine Prahlerei handle, wie sie bei indischen Panegyrikern so beliebt ist.

Welcher von den drei *Kṛshṇa* im *Kavirahasya* gepriesen wird, muss also zunächst in dubio bleiben; und wir haben für die Entstehungszeit des Werkes einen Spielraum etwa von der 2ten Hälfte des 8. bis zur 2ten Hälfte des 10. Jahrhunderts.

Bhâṇḍârkar sagt (Rep. 8 ff.), *Halâyudha* müsse zu einer Zeit gelebt haben, wo das Andenken an einen der drei *Kṛshṇa* noch frisch gewesen sei. Nein, das *Kavirahasya* ist bei Lebzeiten des gefeierten Fürsten gedichtet. Es lag doch näher, dass der indische Gelehrte den regierenden Herrscher zum Gegenstande seiner Lobeserhebungen machte, als dass er dazu einen Vorfahren desselben wählte. Dann wird der König ja, wie wir eben gesehen haben, „jung" genannt; und schliesslich ist doch das ganze Werk im Präsens abgefasst:

α, 6: *asty Agastyamunijyotsnâpavitre Dakshiṇâpathe* |
Kṛshṇarâja iti khyâto râjâ sâmrâjyadîkshitaḥ ||

Für das jüngere *Kavirahasya* kann ich mit Sicherheit nur behaupten, dass es vor 1639 A. D. entstanden ist. *Durgâdâsaçarman*, der in jenem Jahre einen Kommentar, betitelt *Dhâtudîpikâ*, zu *Vopadeva's Kavikalpadruma* verfasste, erwähnt, dass *Halâyudha* die Wurzel *kleça* mit *sh* statt mit *ç* schreibe (s. *Westergaard*, Rad. § 16, 6). Diese Wurzel kommt nur in der jüngeren Recension vor. *Durgâdâsa's* Angabe wird übrigens auf einer falschen Lesart beruhen. Die mir für *β* zu Gebote stehnden Quellen bieten alle *ç*, was auch zu andern Wurzelwörterbüchern stimmt [1]).

Ich neige, namentlich auf Grund der schon erwähnten sehr bedeutenden Textdifferenzen in den Handschriften des jüngeren *Kavirahasya*, zu der Ansicht, dass wir auch diesem Werke eine verhältnismässig frühe Entstehungszeit

1) In dem weiter unten besprochenen alten Calcuttaer Druck (*saṁvat* 1887) der jüngeren Recension findet sich neben *Vopadeva's Dhâtupâṭha* auch ein Abdruck einer *Dhâtupâṭhadîpikâ* des *Durgâdâsa*. Ich habe darin keinen Hinweis auf das *Kavirahasya* finden können.

zuschreiben müssen. Bisweilen könnte man versucht sein, in der jüngeren Recension schon Einfluss *Vopadeva's* (13. Jh.) anzunehmen. Sicheres lässt sich darüber aber schwer sagen. *Vopadeva's Dhâtupâṭha* ist ein kritikloses Konglomerat von allen möglichen Wurzelvarianten, so dass man behaupten kann: alle bei den einzelnen Grammatikern erscheinenden verschiedenen Auffassungen über Form u. s. w. einer Wurzel finden sich im *Kavikalpadruma* vereinigt. Ob also in den Fällen, wo bemerkenswerte Übereinstimmungen mit *Vopadeva* vorliegen, Bekanntschaft mit *Vopadeva* auch wirklich die Ursache gewesen ist, wer bürgt dafür?

Auch in *Ramânâtha's Manoramâ*, einer A. D. 1536/37 geschriebenen Glosse zum *Dhâtupâṭha* der *Kâtantra*-Grammatik, wird nach *Westergaard's* Angabe (Rad. praef. VII) das *Kavirahasya* citiert. Ob es sich hier um die ältere oder die jüngere Recension handelt, weiss ich nicht.

Ferner wird das *Kavirahasya* — ob α oder β kann ich auch hier nicht feststellen — von *Maheçvara* in seiner *Vâmanâlaṅkâraṭikâ* angeführt (s. *Aufrecht*, Catal. catal. pg. 87[b]). Wir wissen bis jetzt noch nicht, aus welcher Zeit dieses Werk stammt.

Bemerkt sei noch, dass *Bhaṭṭojidîkshita* in seiner *Siddhântakaumudî* (17. Jh.) eine Strophe des *Kavirahasya* anführt: β, 8 = α, 11, und zwar mit der Variante *campaka* statt *kesara*, die sich in einigen Handschriften der Recension β (A. Bhβ) findet. Die Ausgaben der *Si. kau.* stimmen in diesem Punkte überein [1]).

Wer ist der Verfasser des älteren *Kavirahasya?*

Der Name *Halâyudha* spielt in der wissenschaftlichen Literatur der Inder keine unbedeutende Rolle. Für uns kommen hier nur in Betracht der Lexikograph, Verfasser der *Abhidhânaratnamâlâ*, und der Metriker, der einen

1) Die Angabe, dass *Kâṭayavema*, der Scholiast der *Devanâgarî*-Recension des *Çâkuntala*, *Halâyudha*, den Verf. des *Kavirahasya*, citiere (*Böhtlingk*, *Çâk. IX*) beruht auf Versehen. (*Pischel*, De gramm. prâcr. 18/19). —

Kommentar, betitelt *Mṛtasaṁjîvanî*, zum *Chandaḥsûtra* des *Piṅgala* schrieb, da wir bis jetzt nur über diese beiden Vertreter des Namens soweit orientiert sind, dass Schlüsse auf ihre Persönlichkeit und ihre Lebenszeit möglich sind. Ohne weiteres müssen wir von unserm *Halâyudha* fernhalten den gleichnamigen Juristen, der Minister des Königs *Lakshmaṇasena* von Bengalen war. Wir wissen jetzt, dass *Lakshmaṇasena* im 12. Jh. regierte (s. *Kielhorn*, Ind. Ant. XIX, 1 flg.)[1]. Ferner kommt in Wegfall ein in Verbindung mit dem *Purâṇasarvasva* genannter *Halâyudha*, 1474/75 A. D.[2]).

---

1) *Râjendralâla Mitra* (Notices 2, 78 fg.) identificierte ohne weiteres den Juristen, den Lexikographen, den Metriker und den Verfasser des *Kavirahasya*. Ihm folgt *Viçvanâtha Çâstrin* in der Einleitung zu seiner Ausgabe der *Mṛtasaṁjîvanî* (Calc. 1874. Bibl. Ind.); er sagt: *Halâyudhabhaṭṭo hi Çrî-Bhaṭṭa-Nârâyaṇânvaye prasûtaḥ | asya janakaḥ Çrî-Dhanaṁjayabhaṭṭaḥ | asyâparâbhidhânaṁ Pusha iti | anena Nighaṇṭur eko viracitaḥ | Çrî-Vaṅgâdhip-Âdisûreṇânîtapañcabrâhmaṇeshv ekatamo Bhaṭṭa-Nârâyaṇaḥ | asmâd dvâdaçapurusho Halâyudhabhaṭṭa iti Ghaṭakârikâprasiddhaḥ | Brâhmaṇasarvasvagranthârambhe Halâyudhena svalpo nijavṛttânto vinyasto yathâ | asâdhâraṇadhisaṁpattiprabhâvato nikhilavidyâpârâvârapâraṁgatatvâd vividhasadguṇâdhâratayâ ca Çrî-Lakshmaṇasenanṛpatir bâlya evâsmai râjapaṇḍitapadaṁ yauvane mantripadaṁ yauvanânte ca dharmâdhikâripadaṁ pradadâv iti | ayaṁ Lakshmaṇasenaḥ Çrîyukta-Bâbu-Râjendralâla-Mitrasya gaṇanânusâreṇa krishṭiyadvâdaçaçatâbdiprârambhe virâjitavân | ata eva Halâyudho 'pi dvâdaçaçatâbdiprârambhakâlikapaṇḍita iti mantavyam | Halâyudhas tu vividhavidyâviçârada âsît | ato 'nena bahavaḥ sadgranthâḥ kṛtâḥ | tanmadhye Brâhmaṇasarvasvaṁ Paṇḍitasarvasvaṁ Çivasarvasvaṁ Nyâyasarvasvaṁ Matsyasûktasarvasvam Abhidhânaratnamâlâ Kavirahasyanâmakaṁ vyâkaraṇaṁ cety ete granthâḥ suvikhyâtâḥ ||* — Ebenso kennt *Sourindro Mohun Tagore* (in seiner Einleitung zum Abdruck des jüngern *Kavirahasya* s. u.) nur einen *Halâyudha*, Minister des *Lakshmaṇasena*, Sohn des *Dhanaṁjaya*, Enkel im 16ten Gliede von *Bhaṭṭa-Nârâyaṇa*, einem der fünf Brahmanen, die König *Âdisûra* (*Tagore* schreibt *Âdiçûra*) zur Vollziehung eines Opfers rufen liess. Diesem *Halâyudha* schreibt er alle die Werke, auch die *Piṅgalacchandovivṛti*, zu, und setzt ihn ans Ende des 11. Jh. A. D.

2) Ueber das oder die *Purâṇasarvasva* betitelten Werke

Es erhebt sich nun die Frage: ist der Verfasser des ältern *Kavirahasya* vielleicht mit dem Lexikographen oder dem Metriker identisch?

Über die Entstehungszeit der *Abhidhânaratnamâlâ* wissen wir leider noch recht wenig. *Aufrecht* (pref. VI fg.) hat dargethan, dass sie älter als der *Abhidhânacintâmaṇi* des *Hemacandra* (1088—1172 A. D.) ist; und *Bühler* (Ind. Ant. XVIII, 185ª) hält es für wahrscheinlich, dass sie von *Yâdavaprakâça* bei Abfassung seiner *Vaijayantî* (um 1000 A. D.) benutzt worden sei. Wir können also nicht viel mehr sagen, als dass der Lexikograph etwa gegen Ende des ersten Jahrtausends nach Chr. gelebt habe.

Bhâṇḍârkar hält es, wie mir scheint, mit gutem Grunde, für wahrscheinlich, dass der Verfasser des *Kavirahasya* und der Verfasser der *Abhidhânaratnamâlâ* eine Person seien. Er sagt (Report p. 9): „Probably our *Halâyudha* was the same as the author of the *Abhidhânaratnamâlâ*. For, in the first place, the two works are on kindred subjects, and in the next, *Halâyudha*, the author of the *Kavirahasya*, is in the last verse of the Maratha copy called '*sadabhidhânanidhâna*' or 'the store of good names'. And he must be supposed to be spoken of thus in two senses; first, in the sense of his name being a good name, and secondly, in so far as he compiled a thesaurus; and probably, by the word *sadabhidhâna's* 'good names' the *Abhidhânaratna's* or 'gems in the shape of names', of which we have a necklace in the *Abhidhânaratnamâlâ*, are referred to. In the third place, a connection has been established between both the works and *Kavis* or poets. The 'necklace of gems in the shape of names' was, we are told in the second verse, prepared for adorning the neck of a *Kavi* (*kavikaṇṭhavibhûshaṇârtham*), and the second work is 'the secret [that leads to the success] of a *Kavi*". *Bühler* (Ind. Ant. XVIII, 185ª) stimmt *Bhâṇḍârkar* bei. Auch mir scheinen die Gründe recht gewichtig. Zum ersten und dritten habe ich nichts

---

herrscht nicht volle Klarheit in den Katalogen; s. *Aufrecht*, Catal. catal. s. v. *Purâṇasarvasva* (*Râjendralâla Mitra*, Not. No. 2068 333; Aufrecht, Oxf. 84ᵇ).

hinzuzufügen; zum zweiten möchte ich Folgendes bemerken. Die von *Bhâṇḍârkar* erwähnte Schlussstrophe findet sich — und das ist wesentlich — nicht nur in der 'Maratha copy' (jüng. Rec.), sondern auch in einer Hdschr. (***D***) der ältern Recension. Statt des in *β* überlieferten '*sadabhidhânanidhâna-Halâyudhadvijavarasya*' steht nun in ***D*** '*sadabhidhâna-Halâyudhasaṁjñakadvijavarasya*'.

Für diese Erscheinung liessen sich wohl a priori drei Erklärungen denken. Erstens — doch das ist mir völlig unwahrscheinlich — könnte jemand sagen: „Die Strophe fehlt in der Hdschr. ***Bü***, die den Text mit dem Komm. ***r*** bietet, fehlt in ***Bh***$^{\alpha}$, die den Text und zwei nicht zum Werke selbst gehörige, mit Komm. ***r*** gemeinsame Schlussstrophen bietet, fehlt ferner in dem zu ***r*** in engster Beziehung stehnden Komm. ***r'***. (Auf ***r'*** ist übrigens kein zu grosses Gewicht zu legen, da er auch die Einleitung fortlässt, d. h. nur die Strophen behandelt, in denen Wurzeln illustriert werden. ***r'*** schliesst: *çriçabdaḥ* (*α*, 298) *samâptau maṅgalârthaḥ* | *iti Kavirahasya ṭîkâvacûriḥ*.) Bezeugt ist also die fragliche Schlussstrophe nur in ***D***, folglich wird sie unecht sein, d. h. nicht ursprünglich zu *α* gehören, sondern zu *β*, und dann später — vielleicht von einem Besitzer beider Recensionen — aus einer *β*-Handschrift an das Ende einer *α*-Handschrift geschrieben sein. Aus *sadabhidhânanidhâna-Halâyudhadvijavarasya* ist nun — wann, bleibt gleichgiltig — *sadabhidhâna-Halâyudhasaṁjñakadvijavarasya* geworden". Diese Annahme scheint mir sehr künstlich. Man muss vor allem darauf erwidern: wie kommt denn der Kommentator (***r***) dazu, das Werk *Halâyudha's Kavirahasya* zu nennen? woher wusste er das?; und ferner, wir hätten in der ältern Recension ein Werk vor uns, das weder seinen Titel noch seinen Verfasser nennt. Gesetzt aber, es steift sich jemand auf die oben entwickelte, geschraubte Annahme, so könnte er sich doch der Stichhaltigkeit des zweiten *Bhâṇḍârkar*'schen Grundes für die Identität nicht ganz verschliessen, sondern er müsste sagen: dem Autor der jüngeren Recension war — sei es durch eigene Kenntnis oder durch Tradition

— wohl die Persönlichkeit des *Halâyudha* noch bekannt [1]), und er konnte deshalb den Ausdruck: *sadabhidhânanidhâna-Halâyudha* gebrauchen, der doch thatsächlich einer Anspielung auf die *Abhidhânaratnamâlâ* recht ähnlich sieht [2]).

Die zweite Annahme wäre folgende: Die Schlussstrophe in *D* ist echt und zwar mit der überlieferten Lesart: *sadabhidhâna-Halâyudhasaṃjñaka*°. *β* hat eine spätere Änderung, eine Verbesserung, und zwar eine sehr gute, denn niemand wird leugnen, dass *β*'s Lesung viel prägnanter und echt indisch ist. Das pflegt nun sonst nicht der Fall zu sein, dass *β* einen so entschieden bessern Ausdruck als *α* hat. Grade Alliteration und Assonanz sind zwei der hauptsächlichsten Kunstmittel des Verfassers der ältern Recension. Und hier an einer Kardinalstelle, wo er seinen Namen anbringt, sollte er sich diesen Schmuck der Rede versagt haben, während ein späterer Nachbildner, der an technischem Können weit unter ihm steht, grade hier einen schönen, so ganz dem Stil des *α*-Verfassers entsprechenden Ausdruck geschaffen haben sollte! Gewiss, das ist möglich, wahrscheinlich ist es kaum. Aber angenommen, es wäre so, dann wäre noch immer dem zweiten Grunde *Bhâṇḍârkar*'s für die Identität der beiden *Halâyudha* nicht aller Boden entzogen. Zunächst liesse sich wieder sagen: Der *β*-Verfasser ist über die Persönlichkeit des *Halâyudha* noch orientiert gewesen, und konnte deshalb eine Anspielung auf die *Abhidhânaratnamâlâ* machen; und schliesslich könnte in der *α*-Fassung „*sadabhidhâna-Halâyudha*-

1) Der Vollständigkeit wegen will ich auf die, allerdings ganz in der Luft schwebende, Möglichkeit hingewiesen haben, dass der Autor von *β* fälschlich die beiden *Halâyudha* identificiert haben könnte.

2) Zu der Annahme, dass wir in der ältern Recension gar kein Werk des *Halâyudha* vor uns hätten, dass vielmehr der Verfasser der jüngern Recension *Halâyudha* geheissen habe, und das ältere Werk von einem Anonymus stamme, wird sich wohl niemand versteigen. Dem wäre, ausser der innern Unwahrscheinlichkeit der Hypothese, vor allem andern natürlich das vollwiegende Zeugnis des Scholiasten (*r*) der ältern Recension entgegenzuhalten.

saṁjñaka" ja auch eine solche Anspielung auf dieses Werk vorliegen.

Am besten gefällt mir die dritte mögliche Annahme: die Strophe ist ursprüngliches Gut von *α*, und zwar mit der Lesart: *sadabhidhânanidhâna-Halâyudhadvijavarasya*, wie sie in *β* sich thatsächlich erhalten hat. In *D* haben wir eine handschriftliche Divergenz vor uns. Wie leicht war es möglich, dass ein flüchtiger oder unwissender Schreiber das *sadabhidhânanidhâna* nicht verstand, sondern wegen des starken Gleichklangs eine Wiederholung vor sich zu haben glaubte, und dem vermeintlichen Fehler durch eine Änderung in *sadabhidhâna-Halâyudhasaṁjñaka* abhalf. Wir sind ohnehin gezwungen, den in *D* überlieferten Text im ersten *pâda* der Strophe nach *β* zu ändern. *samâptasadâptu*° ist sinnlos; es muss heissen *samâptam avâpta*°, wie in *β* steht. Halten wir an dieser dritten, wie mir scheint, einfachen Erklärung fest, so gilt das, was *Bhâṇḍârkar* von der 'Maratha copy' gesagt hat, eben vor allem von der älteren Recension; und das ist um so besser. —

Also — wie dem allen nun auch sein mag — die, zwar nicht als sicher zu erweisende, aber doch äusserst ansprechende Vermutung, dass die Schlussstrophe einen Hinweis auf die *Abhidhânaratnamâlâ* enthalte, bleibt immer zu Recht bestehn.

Ich glaube nun, die Gründe *Bhâṇḍârkar's* durch ein neues, wichtiges Moment stützen zu können. Es lässt sich nämlich nachweisen, dass der Verfasser des *Kavirahasya* die *Abhidhânaratnamâlâ* benutzt hat.

α, 60 erscheint *tadbala*, ein Ausdruck für Pfeil. Dieses eigentümliche Wort kennen wir bis jetzt nur aus der *Abhidhânaratnamâlâ* (II, 312) [1]. Die an und für sich schon durch nichts begründete Annahme, beide Werke sollten hier vollständig unabhängig von einander eine dritte Quelle benutzt haben, wird hinfällig durch den Umstand, dass

1) Auch *Hemacandra*, der die *Abhidhânaratnamâlâ* sehr stark ausschreibt, kennt das Wort; eine Thatsache, die für uns natürlich völlig irrelevant ist, da *Hemacandra* lange nach der Entstehungszeit des *Kavirahasya* lebte.

sowohl die *Abhidhânaratnamâlâ*- wie die *Kavirahasya*-Strophe mit dem, bis jetzt gleichfalls nur hier belegten Worte *sarvâyasa* „ganz von Eisen“ anlautet; dieses Adjektiv ist — das darf nicht unbeachtet bleiben — in beiden Fällen nicht etwa ein Epitheton des *tadbala*, sondern steht zu ihm in keiner direkten Beziehung. Zwei so markante Übereinstimmungen sind, das wird jeder zugeben, für das Vorhandensein einer Beziehung zwischen den beiden Werken beweisend.

Es lassen sich aber für unsere Behauptung, dass zwischen *Abhidhânaratnamâlâ* und *Kavirahasya* ein enger Konnex bestehe, noch einige Stützpunkte zweiter Ordnung gewinnen.

In der erwähnten *a*-Strophe bekommt *tadbala* das Beiwort *dîpta* (*D. r. dîpra*). Die Metapher „flammender Pfeil“ erscheint schon im Epos, aus der spätern Literatur aber ist sie bis jetzt nicht belegt. Da fällt es nun sehr auf, dass in der *Abhidhânaratnamâlâ*, drei Strophen nach der eben angeführten (II, 315), für den raschen Flug, die *tîvratâ vegasya*, eines Pfeiles der in diesem Sinne nur hier[1]) belegte Ausdruck *dîpti* gelehrt wird. — Das Wort *jalarañku* (eine Hühnerart) können wir nur *Abhidh.* II, 94 nachweisen[2]); das *Kavirahasya* liefert *a*, 33 einen neuen Beleg. — Ferner vergleiche man *a*, 43, wo die Vögel: *dâtyûha*, *çvetacchada*, *kurara*, *koyashṭika* auftreten, mit *Abhidh.* II, 94.

utkroçaḥ kuraro mataḥ |
dâtyûho jalarañkuḥ syât koyashṭiḥ çikharî smṛtaḥ ||

Zwei Strophen weiter: *haṁsâḥ çvetacchadâḥ*. So eng vereinigt finden sich die Wörter in andern Lexicis nicht. — *kadalî* heisst nach *Abhidh.* V, 17 eine Fahne auf einem Elephanten: *kadalî karivaijayantyâṁ ca*. *Kavir. a*, 183:

halyante hastipṛshṭheshu kadalyo yasya koṭiçaḥ

(auf den Rücken seiner Elephanten bewegen sich Fahnen millionenfach). — *Abhidh.* II, 85 kennt *cañcû* „Schnabel“ mit langem *û*. *Kavir. a*, 241: *cañcûbhiḥ*. (*Kadalî* ist in

1) und wieder bei *Hemacandra* (780) s. vor. Anm.

2) ausserdem bei *Hemacandra* (1332) s. vor. Anm.

demselben Sinne ausserdem noch *Mâgha* V, 2, *cañcû*, was ältere Autoren anlangt, noch *Amaruçataka* Str. 13 belegt. Vielleicht sind die *Mâgha*- und die *Amaruçataka*-Strophe die Quellen der *Abhidh.* gewesen). — Das im Epos bezeugte Wort *kañkapattra* „ein mit Reiherfedern versehener Pfeil" erscheint für uns zuerst wieder *Abhidh.* II, 311 und *Kavir.* *α*, 60. Die Zahl der Fälle, dass seltene Wörter, die in die lexikalische Chrestomathie *Abhidhânaratnamâlâ* aufgenommen sind, sich auch im *Kavirahasya* finden, liesse sich vermehren [1]).

Nun werden wir vor folgende Frage gestellt: *Halâyudha* ist der Name eines Mannes, der eine Blütenlese der Nomina in einem Lexikon verarbeitet hat und zwar, abweichend von den übrigen Lexikographen, in den verschiedenartigsten Strophenformen; *Halâyudha* heisst auch ein Mann, der uns eine Blütenlese der Verba hinterlassen hat, gleichfalls in mannigfachen Metren. Beide Werke können gleichzeitig sein (sicher ist nur, dass sie zeitlich nicht allzuweit von einander liegen). In dem einen Werke finden sich Anklänge an das andere, die nicht etwa durch die behandelte Materie bedingt sind; denn wenn die Stoffe beider Schriften auch in derselben Sphäre liegen, so haben sie doch direkt nichts mit einander zu thun. Welche Annahme hat da mehr Wahrscheinlichkeit für sich, dass ein *Halâyudha* den andern *Halâyudha* benutzt habe, oder dass beide Personen identisch seien? Doch entschieden die letzte Annahme.

---

1) Der Verfasser des *Kavirahasya* hat ausser der *Abhidh.* auch andere Lexikographen benutzt; z. B. *α*, 266: *Añjaneya*, Metronymikon des *Hanumat*; wir kennen das Wort nur aus dem *Trikâṇḍaçesha*. Die Thatsache, dass ihm die *Koça*-Literatur nicht fremd war, und er sie, ohne durch seinen Stoff dazu gezwungen zu sein, in seinem Werke verwertete, spricht schliesslich auch für seine Identität mit dem Verfasser der *Abhidh.* — Erwähnt haben will ich die ganz gleichgiltige Thatsache, dass *Abhidh.* II, 419 *kedâra* als Neutrum aufgeführt wird, während es *Kavir.* *α*, 119 in seinem gewöhnlichen Geschlecht, als Maskulinum erscheint. Man darf nie aus dem Auge lassen, dass die *Abhidh.* eben nur eine Auswahl (*kavikaṇṭhavibhûshaṇârtham*) geben, und nicht etwa das lexikalische Material erschöpfend bieten will.

Nun ist sie es ja grade, für die auch *Bhâṇḍârkar's* oben erwähnte Gründe sprechen. Wir müssen also hinfort, ehe wir nicht durch schlagende Beweise eines Bessern belehrt werden sollten, von *Halâyudha*, dem Verfasser der *Abhidhânaratnamâlâ* und des *Kavirahasya* sprechen. —

Ja, wir dürfen und müssen noch einen kleinen Schritt weiter gehn. *Halâyudha* wird zuerst die *Abhidhânaratnamâlâ* und dann das *Kavirahasya* geschrieben haben. Denn es ist doch wohl wahrscheinlicher, dass die mit *sarvâyasa* beginnende *koça*-Strophe das prius gewesen sei. In ihr steht das Wort *sarvâyasa* in engem innern Zusammenhange mit dem Folgenden; es ist ein sehr wesentliches Merkmal der aufgezählten Pfeile, dass sie „ganz von Eisen" sind; im *Kavirahasya* ist *sarvâyasa* lediglich epitheton ornans. Der Begriff „ganz von Eisen" ist hier kein Erfordernis. Wenn also, wie wir annehmen müssen, die beiden *sarvâyasa* zu einander in Beziehung stehn, so können wir auch nicht umhin, anzunehmen, dass das Wort zuerst an dem Platze gestanden hat, wo es die Rolle eines wesentlichen Begriffes spielt, ein integrierender Teil des Ganzen ist, d. h. im *Koça*. — Zweitens, — und das ist die Hauptsache — liegt in den Worten *sadabhidhânanidhâna*° eine Anspielung auf die *Abhidhânaratnamâlâ*, so muss dieses Werk natürlich vor dem *Kavirahasya* existiert haben.

Durch die Erkenntnis, dass wir im *Koça*-Verfasser und im Autor des *Kavirahasya* eine und dieselbe Person vor uns haben, gewinnen wir noch immer keinen Anhaltspunkt für die Beantwortung der Frage: unter welchem *Kṛshṇa* lebte nun dieser *Halâyudha?*

Wir haben jetzt noch das Verhältnis zum Metriker zu untersuchen. Der Verfasser der *Mṛtasaṁjîvanî* lebte, das wissen wir mit Sicherheit, unter dem Könige *Muñja* von *Mâlava;* denn in den Strophen, die er seinen Erklärungen des *sûtra* des *Piñgala* als Beispiele beifügt, wird des Öfteren dieser Fürst angerufen; (s. *Weber*, Ind. Stud. VIII,

193 ffg.). Dass der in gleicher Weise beglückwünschte *Vâkpatirâja* mit *Muñja* identisch sei, hat schon *Hall*, Journ. As. Soc. Beng. 1862, 114 vermutet. Diese Annahme hat sich neuerdings bestätigt; s. *Bühler*, Epigr. Ind. I, 226 ffg., *Kielhorn*, Epigr. Ind. II, 212 ffg. [1]). Die erste inschriftliche Erwähnung des *Muñja-Vâkpati* fällt ins Jahr 974 A. D., sein Ende zwischen 994 und 997 A. D. Das ist eine Zeit, die nur um Weniges später liegt als die des dritten *Kṛshṇa* aus dem *Râshṭrakûṭa*-geschlechte (um 940 bis 956 A. D.) Schon *Aufrecht* (*Abhidhânaratnamâlâ* pref. V) und nach ihm *Weber* (Ind. Stud. VIII, 202) hielten es für wahrscheinlich, dass der Metriker derselbe Mann sei wie der Lexikograph [2]). Bei dem Verfasser der *Abhidhânaratnamâlâ* muss nämlich ein starkes metrisches Interesse obgewaltet haben, denn es kommen in diesem Werke die verschiedenartigsten Strophenformen zur Verwendung, eine Thatsache, zu der sich aus einem *Koça* wohl schwerlich ein Analogon finden liesse. Die Freude an schwierigen Metren teilt auch das *Kavirahasya*. Ich glaube, die Mischform aus *aupacchandasika* und *vaitâlîya*, die wir *α*, 74 vorfinden, gehört zu den Seltenheiten in der indischen Literatur; ein metrisch nicht gut geschulter Autor wird kaum auf den Gedanken kommen, eine solche Strophe zu bilden. Es handelt sich nicht etwa um ein *ardhasamavṛtta*, dazu liessen sich Belege geben (s. *Kühnau* Ztschr. d. d. morg. Ges. 44, 69. 72), sondern *pâda* 1, 2, 3 sind *aupacchandasika*-Formen, *pâda* 4 eine *vaitâlîya*-Form [3]). (Näheres s. Anm. zu *α*, 74).

Sehr beachtenswert erscheint mir ferner der von *Weber*

---

1) Vgl. auch *Simon*, *Amaruçataka* 25: *Muñjadeva Vâkpatirâjâparanâman*.

2) Der Verfasser des *Kavirahasya* konnte weder für *Aufrecht* noch für *Weber* in Frage kommen, da *Westergaards* Ansatz des *Kavirahasya* (16 Jh. A. D.) vor *Bhâṇḍârkar* (1882) wohl allgemein angenommen wurde. (vgl. *Böhtlingk*, *Hemacandra* VIII, Anm. 3.)

3) Wäre der letzte *pâda* am Schlusse um eine Länge stärker, so hätten wir eine regelrechte *aupacchandasika*-Form. Es liegt aber kein Grund vor, anzunehmen, dass es sich um einen einfachen Lapsus handele.

a. a. O. hervorgehobene Umstand, dass *Mṛtasaṁjîvanî* zu *Piṅgala* V, 28: '*khalûrikâ*' in derselben Bedeutung vorkommt, mit der es in der *Abhidhânaratnamâlâ* gelehrt ist (II, 315). *Mṛt.* heisst es von einem schönen Mädchen: es ist „*Kâmakhalûrikâ*", „ein Tummelplatz des *Kâma*". *Abhidh.*:

abhyâsaḥ kathyate yogyâ çramasthânaṁ khalûrikâ (Exercierplatz).

Das Wort ist (abgesehen von *Hemacandra*, der ja die *Abhidh.* stark benutzt hat) bis jetzt nur an diesen beiden Stellen belegt.

Die von *Weber* notificierte Differenz, die zwischen *Abhidh.* I, 22 *dharaṇĭdhara* mit kurzem ĭ und *Mṛtas.* zu *Piṅg.* V, 24 *dharaṇîdhara* mit langem î besteht, scheint mir — bei zwei so gewöhnlichen Wörtern wie *dharaṇĭ* und *dharaṇî* — belanglos zu sein. Der *Koça*-Verfasser, der ja nur eine kleine Auswahl aus dem grossen Schatze der Nomina geben will, hat selbstverständlich gewusst, dass man ebenso gut *dharaṇî*, *dharaṇîdhara* sagen kann; auch werden dem Metriker die Wörter *dharaṇĭ*, *dharaṇĭdhara* nicht unbekannt gewesen sein. In der *Abhidhânaratnamâlâ* ist die Kürze durchs Metrum bedingt. —

Nun werden wir wieder vor folgende Frage gestellt: Wir haben ein Werk metrischen Inhalts aus der zweiten Hälfte des 10. Jhs. Der Verfasser heisst *Halâyudha*. Wir haben ferner zwei Werke aus dem Gebiet der Lexikographie und der Grammatik, für deren Entstehungszeit es drei gleichwertige Möglichkeiten giebt, deren eine die Mitte des 10. Jhs. ist. Der Verfasser dieser beiden Werke heisst gleichfalls *Halâyudha*. Bei ihm tritt ein starkes Interesse für Metrik zu Tage, eine Wissenschaft, die zu seinem Stoffe durchaus in keiner Beziehung steht. Der Metriker andrerseits hat den Lexikographen benutzt [1]). Was ist da das Nächstliegende,

1) Denn dass zwei ungefähr gleichzeitige Schriftsteller, von denen der eine ein Wörterbuch schrieb, also Autorität für seltene Wörter war, unabhängig von einander ein bisher nur bei ihnen beiden belegtes Wort (*khalûrikâ*) aus einer dritten Quelle geschöpft haben sollten, dürften wir erst dann annehmen, wenn wir irgend einen Beweisgrund dafür in Händen hätten.

einen einzigen Gelehrten anzunehmen oder zwei? Entschieden das Erste! Unter diesen Verhältnissen lautet die kritische Aufgabe, die sich uns stellt, thatsächlich so: kann man beweisen, dass es sich um zwei verschiedene Personen handelt? und nicht: kann man beweisen, dass wir es nur mit einem Manne zu thun haben? Das Letztere ist a priori das in sich Wahrscheinlichere und muss so lange gelten, bis jemand im stande sein sollte, den Gegenbeweis anzutreten.

Allein es kommt noch mehr hinzu, was diese Wahrscheinlichkeit der Gewissheit immer näher bringt.

Wie das *Kavirahasya* und die *Abhidhânaratnamalâ* hauptsächlich Hilfsbücher für die Dichter (*kavi*) sein sollen (s. o.), so ist auch in einem Eingangsverse der *Mṛtasaṁjîvanî* auf den Wert der Metrik für die Dichter ausdrücklich hingewiesen.

Mṛtasaṁjîvanî (ed. *Viçvanâtha* Bibl. Ind.) pg. 2:
Vedânâṁ prathamâṅgasya kavînâṁ nayanasya ca |
Piṅgalâcâryasûtrasya mayâ vṛttir vidhâsyate ||

Wie die *Abhidhânaratnamâlâ* eine Blütenlese der Nomina und das *Kavirahasya* eine Auswahl aus dem Schatze der Verba giebt, so will auch die *Mṛtasaṁjîvanî* aus dem Ocean des *Chandaḥçâstra* einige Metra gleichsam wie Perlen herausholen:

Mṛtasaṁjîvanî pg. 1:
Çrîmat-Piṅgalanâgoktacchandaḥçâstramahodadheḥ |
vṛttâni mauktikânîva kânicid vicinomy aham ||

Alle drei Werke verwenden in ihren einleitenden Strophen das Wort *ud+hṛ* in ähnlicher Weise. Das ist auffällig, wenngleich sich der fragliche Gebrauch auch sonst nachweisen lässt.

Kavirahasya a, 3:
lokeshu çâstreshu ca ye prasiddhâḥ
kâvyeshu ye satkavibhiḥ prayuktâḥ |
uccitya tâṁç cittavinodanâya
çabdân ahaṁ dhâtubhir uddharâmi ||

Abhidhânaratnamâlâ I, 2:

> *iyam Amaradatta-Vararuci-*
> *Bhâguri-Vopâlitâdiçâstrebhyaḥ* |
> *Abhidhânaratnamâlâ*
> *kavikaṇṭhavibhûshaṇârtham uddhriyate* ||

Mṛtasaṁjîvanî 4:

> *kshîrâbdher amṛtaṁ yadvad uddhṛtaṁ devadânavaiḥ* |
> *chando'bdheḥ Piñgalâcâryacchando'mṛtaṁ tathoddhṛtam* ||

Schliesslich sei noch auf eine eigentümliche Übereinstimmung einer *Kavirahasya*- und einer *Mṛtasaṁjîvanî*-Stelle hingewiesen:

Kavirahasya α, 43:

> *dâtyûhaḥ kaṇati kvaṇaty aviratam̐ çvetacchadânâm̐ gaṇas*
> *tîropântatarusthitâ ca kuraraçreṇî kuṇaty utsukâ* |
> *yasyântaḥpuradîrghikâsu hṛdayaṁ yûnâm̐ samutkaṇṭhayan*
> *Karṇâṭîsuratasvarânukaraṇaiḥ koyashṭikaḥ kûjati* ||

In der *Mṛtasaṁjîvanî* lautet die Beispielsstrophe zu *Piñg.* VIII, 10: (Ind. Stud. VIII, 420):

> *adhvanyânâm̐*[1]) *janayati sukham uccaiḥ kûjan*
> *dâtyûho 'yaṁ pathi niculanitambopânte*[2]) |
> *Karṇâṭastrîratikuharitatulyacchedair*
> *nâdaiḥ kaṇṭhaskhalanakuṭilamandâvartaiḥ* ||

Sofort fällt eine unverkennbare Ähnlichkeit ins Auge. Nicht genug, dass in beiden Strophen der Schrei eines Vogels mit den Lauten, die ein Weib beim Liebesgenusse ausstösst, verglichen wird, es ist ganz speciell das Liebesgeschrei der *Karṇâṭa*-Frauen, das als Vergleichsobjekt dient. In beiden Strophen erscheint der nicht allzu häufige *dâtyûha*, ferner das Verbum *kûj*. Der Schrei des Vogels wird betrachtet in seiner Wirkung auf den Hörer: „*hṛdayaṁ yûnâm̐ samutkaṇṭhayan*" und „*adhvanyânâm̐ janayati sukham*". Vgl. noch *tîropânta*° und *niculanitambopânte*. Da sollte es uns wohl schwer fallen, jede Beziehung

---

1) *Viçvanâtha: adhvasthânâm̐*. Note: *adhvanyânâm iti pustakântarapâṭhaḥ*.

2) *Viçvanâtha: niculanitoyopânte*; mir unverständlich.

in Abrede zu stellen. — Nun liegen aber hier die Verhältnisse nicht so einfach, wie es auf den ersten Blick scheint. *Weber* hat nämlich (Ind. Stud. VIII, 414—418) durch schwerwiegende Gründe wahrscheinlich zu machen gesucht, dass der Abschnitt der *Mṛtasaṁjîvanî*, aus dem die eben von mir citierte Strophe stammt, nicht ursprünglicher, sondern sekundärer Bestandteil des Werkes sei. Es ist nun entweder, wie *Weber* a. a. O. aus einem bestimmten Grunde für erwägenswert hält, dieser Abschnitt eine spätere Zuthat des *Halâyudha* selbst, dann ist die augenfällige Ähnlichkeit der beiden Strophen ein neues, starkes Moment für die Identität ihrer Verfasser; oder der betreffende Abschnitt ist das Machwerk eines jüngeren Autors, dann sind entweder diesem auch die anderen Werke des *Halâyudha* bekannt gewesen, und wir haben in der Strophe zu *Piṅg.* VIII, 10 eine Reminiscenz an *Kavirahasya α*, 43 vor uns, oder es besteht keine direkte Beziehung zwischen den beiden Strophen, eine Annahme, der wohl niemand Glauben schenken wird [1]).

Ziehen wir aus den letzten Untersuchungen das Facit: wir sind, meiner Ansicht nach, gezwungen, den *Koça*-verfasser und Autor des *Kavirahasya* mit dem Metriker zu identificieren.

Dann muss *Kṛshṇarâja* III der Heros des *Kavirahasya* sein.

Dieser König begegnet uns inschriftlich zuerst 940 A. D. [2]) Er muss kurz vor diesem Jahre auf den Thron gekommen sein, denn 933 A. D. herrschte noch *Govinda* IV, und zwischen ihnen beiden liegt die Regierungszeit *Amoghavarsha's* III (d. i. *Baddiga's*), des Onkels des *Govinda*, Vaters des *Kṛshṇarâja*. Nun ist das *Kavirahasya* zu einer Zeit verfasst, als der König noch jung war, also können

1) Erwähnen will ich, dass *Mṛt.* zu *Piṅg.* VI, 14 *çrutipuṭapeyair* und *Kav. β*, 17 (nicht in *α*) *çrutipuṭaparipeyaṁ* erscheint. Besteht eine direkte Beziehung zwischen den beiden Stellen? Hat dem *β*-Verfasser die betreffende in der *Mṛt.* als Beispiel auftretende Strophe vorgeschwebt?

2) s. *Bhâṇḍârkar*, Journ. Bomb. As. Soc. XVIII, 289 ffg.

wir rund 950 A. D. als Entstehungszeit unseres Werkes angeben.

Wir haben also folgendes Resultat gewonnen:

„*Halâyudha*, geboren in der ersten Hälfte des 10. Jhs. A. D. schrieb die *Abhidhânaratnamâlâ*, dann das *Kavirahasya*, letzteres um 950 am Hofe *Kṛshṇarâja's* III zu *Mânyakheṭa*, zog dann[1]) nach *Dhârâ* an den Hof des *Muñja-Vâkpati* und publicierte dort seine *Mṛtasaṁjîvanî*".

II. Das *Kavirahasya*, wenigstens die jüngere Recension, war schon *Colebrooke* bekannt. Mss. ***B*** und ***C*** sowie die Kommentarhandschriften *v* und *t* haben sich in seinem Besitze befunden. ***B*** (europäisches Papier, Wasserzeichen 1802) wird für ihn angefertigt sein. Er hat sich, wie mit so vielen Werken der wissenschaftlichen Literatur, auch mit dem *Kavirahasya* eingehend beschäftigt, denn ***B*** ist, namentlich in den ersten Partien, mit Glossen von der Hand des grossen Gelehrten versehen.

Dann hat *Westergaard* drei Handschriften aus der Bibliothek des India Office (die oben erwähnten ***B*** und ***C*** der jüngeren Recension, und ***D*** der älteren) bei seinen Radices sanscritae benutzt, und gelegentlich ein Citat aus der jüngeren Recension angeführt.

Fördernd sind *Bhâṇḍârkar's* in allen wesentlichen Punkten durchaus stichhaltige Bemerkungen gewesen, die oben verwertet sind. Vom *Kavirahasya β* kenne ich bis jetzt einen Bombayer und zwei Calcuttaer Drucke (s. u.).

Dem Versuche einer kritischen Bearbeitung beider Recensionen, zu dem diese Blätter die Einleitung bilden, sind Anmerkungen beigefügt, die sich theoretisch die Aufgabe stellen, das, was die indischen Grammatiker über die einzelnen im *Kavirahasya* zur Anwendung kommenden Verbalformen, namentlich ihre Bildung und Bedeutung, lehren, dem Leser vorzuführen, und so einen Vergleich der Ansichten

---

1) Vielleicht als der Herrlichkeit der *Râshṭrakûṭa* durch die *Câlukya* ein Ende gemacht war.

Halâyudha's mit denen anderer Gelehrter zu ermöglichen. Wie mangelhaft ein solches Unternehmen — selbst wenn man alle lediglich mir zur Last zu legenden Mängel ausser Acht liesse — heutzutage ausfallen muss, weiss jeder, der sich mit der grammatischen Literatur der Inder beschäftigt hat. Meine Arbeit muss allein schon deshalb in hohem Grade an die Nachsicht des Benutzers appellieren, weil sie, wenigstens meines Wissens, nach *Westergaard* der erste Versuch ist, eine der zahllosen Schriften aus der *Dhâtu*-Literatur kritisch zu bearbeiten. Benutzt habe ich für die Darstellung der über die einzelnen Formen herrschenden Lehren ausser *Pâṇini* und dem pâṇineischen *Dhâtupâṭha*, dem *Mahâbhâshya* und der *Kâçikâ* vor allem die *Mâdhavîyadhâtuvṛtti*. Dieses Werk, das ja aus verhältnismässig später Zeit stammt (14. Jh. A. D.), ist deshalb für meinen Zweck von der allergrössten Wichtigkeit gewesen, weil es die Ansichten älterer, teils verschollener, teils noch nicht zugänglicher Werke verzeichnet. Mit Hilfe der *Dhâtuvṛtti* ist es mir, um ein Beispiel zu nennen, möglich gewesen, die höchst charakteristischen und interessanten Anschauungen der Grammatiker über die Form *vicchati* (*a*, 116) zusammenzustellen. Dieser grosse und wichtige Wurzelkommentar, dessen Bearbeitung uns viele Aufschlüsse über die Geschichte der indischen Grammatik geben würde und deshalb ein dringendes Postulat ist, hat mir zunächst nur in einer ziemlich korrekten modernen Abschrift aus Prof. *Kielhorn's* Bibliothek (***K***) vorgelegen. Seit einiger Zeit stehn mir folgende Mss. aus der Bibliothek des India Office zu Gebote:

A = No. 864; nicht schlecht!
B = No. 1613.
C = No. 148.

Für den *bhvâdigaṇa* konnte ich den Abdruck im *Paṇḍit* (New Series IV—VIII) benutzen[1]).

Ich habe es nicht verschmäht, in den Anmerkungen

1) Das Berliner Ms., das ich für einige Partien vom *adâdi-* bis zum *curâdigaṇa* benutzen wollte, hat, wie sich herausstellte, leider nur wenige Blätter ausser dem *bhvâdigaṇa*.

ausser der *Dhâtuvṛtti* auch andere später als das *Kavirahasya* liegende Grammatiker, so *Vopadeva* (*Kavikalpadruma*, *Mugdhabodha*), ja sogar *Bhaṭṭojidîkshita*[1]) anzuführen, einerseits um die über eine bestimmte Form bestehnden Lehren möglichst vollständig zu geben, andrerseits, weil sich bei jüngeren Grammatikern doch Manches aus dem Repertoir älterer Gelehrter findet, das uns nur auf diesem indirekten Wege zugänglich ist.

Dass ich die von *Westergaard* in seinen grundlegenden Radices sanscritae gemachten Angaben stets benutzt habe, bedarf keiner Erwähnung, da sich wohl fast jede Forschung aus der Sphäre der *Dhâtupâṭha* an dieses Buch anlehnen muss. Soweit es in Frage kam, habe ich auch das *Kâtantra* und seinen Scholiasten *Durgasiṁha* herangezogen, ferner den *Kaiyyaṭa* und *Haradatta's Padamañjarî*, soweit sie im *Paṇḍit* gedruckt ist. — Wenn die Anmerkungen dazu beitragen sollten, die Geschichte der über die einzelnen Verbalformen herrschenden Anschauungen hie und da etwas aufzuhellen, so haben sie ihren Zweck erreicht. —

Nun fragt es sich: nach welchen **grammatischen Quellen** hat *Halâyudha* gearbeitet? Natürlich hat er ausser *Pâṇini*, dem pâṇineischen *Dhâtupâṭha*, dem *Mahâbhâshya*, der *Kâçikâ* noch andere Schriften, namentlich Werke der Wurzelliteratur, benutzt. Zu einem scharfen Resultate zu kommen, ist bis jetzt selbstverständlich unmöglich, da wir eben fast alles, was wir von diesen Wurzelverzeichnissen sagen können, uns aus den gelegentlichen Angaben einer sekundären Quelle, nämlich der *Mâdhavîyadhâtuvṛtti*, zusammensuchen müssen. Bei der Publikation des Textes wird auch eine Tabelle erscheinen, in der der Versuch gemacht wird, alle sichern Fälle zusammenzustellen, in denen *Halâyudha* mit dem einen oder dem andern

---

1) Hier sei beiläufig bemerkt, dass der *tiñanta*-Abschnitt der *Siddhânta-kaumudî* stark nach der *Mâdhavîyadhâtuvṛtti* gearbeitet ist, eine Thatsache, die schon bei der Vergleichung einiger Seiten ins Auge fällt. *Mâdhava* wird auch gradezu citiert.

der älteren, uns meist nur den Namen nach bekannten, Gelehrten in einer von der vulgären Meinung abweichenden Ansicht übereinstimmt, ferner jene Fälle, in denen die von *Halâyudha* gebildete Form der Lehre dieses oder jenes älteren Gelehrten direkt widerspricht. Es liegt aber auf der Hand, dass aus einer oder mehreren Übereinstimmungen mit X, im Gegensatz zu andern Grammatikern, noch lange nicht mit Sicherheit zu folgern ist, dass *Halâyudha* den X benutzt habe, selbst unter der Voraussetzung, dass X der Aeltere sei. Beide können aus einer gemeinsamen Quelle geschöpft haben, oder *Halâyudha* kann einen auf X fussenden Autor benutzt haben, wenn der Fall nicht schliesslich so einfach ist, dass die betreffende Ansicht bei verschiedenen Gelehrten selbständig entstehn konnte. Ebenso wenig berechtigt uns eine Differenz zwischen *Halâyudha* und Y zu dem Schlusse, dass *Halâyudha* den Y überhaupt nicht benutzt haben könne. *Halâyudha* kann sich — und das ist gar nicht unwahrscheinlich — in der einen Ansicht diesem, in der andern Ansicht jenem Gelehrten angeschlossen haben, braucht also nicht blindlings einem bestimmten gefolgt zu sein, sondern kann selbständig Kritik geübt haben. Die Zahl der Eventualitäten betreffs der Vorlagen des *Halâyudha* ist sehr gross.

Dass schliesslich *Halâyudha* auch irgend welche andere Gelehrte benutzt hat, von denen wir nichts wissen, wird durch den Umstand sehr wahrscheinlich, dass wir im *Kavirahasya* eine Reihe von Verbalformen haben, für die wir bis jetzt weder aus einem grammatischen noch aus einem anderen Werke der indischen Literatur eine Autorität nachweisen können.

Halâyudha will Wörter, *lokeshu çâstreshu ca ye prasiddhâḥ kâvyeshu ye satkavibhiḥ prayuktâḥ*, darstellen. Über *çâstreshu* habe ich gesprochen. *kâvyeshu ye prayuktâḥ*, lassen sich mit Hilfe des Lexikons ziemlich gut kontrolieren. Aber manche der auf keine Autorität zurückführbaren Formen wird zu denen, *lokeshu ye prasiddhâḥ*, gehören.

Das gesamte im *Kavirahasya* behandelte Verbenmaterial wird bei der Ausgabe des Textes nach den für uns massgebenden Gesichtspunkten (ob bekannt, ob nicht, in dieser Bedeutung und Verwendung, in Verbindung mit dieser Präposition, bei einem Grammatiker oder in der übrigen Literatur bezeugt oder nicht etc.) vorgeführt werden.

Das *Kavirahasya* ist namentlich auch deshalb für uns interessant, weil es uns im Gegensatz zu anderen *Dhâtupâṭha's*, die als Bedeutungsangabe nur ein Nomen im Lokativ beifügen, die einzelnen Verben in kleine Sätze verwoben darstellt, aus denen die Bedeutung, die der Gelehrte des 10. Jhs. ihnen beimisst, natürlich meist klarer wird, als dies bei der Erklärung durch ein Nomen möglich wäre. Selbstverständlich hat *Halâyudha* den Sinn vieler Formen einfach aus dem lokativischen Nomen der *Dhâtupâṭha's* abgeleitet, allein wir müssen auch immer mit der Thatsache rechnen, dass er viele der von ihm gebrauchten Verbalformen aus der Praxis oder Literatur kannte, die uns nur noch aus Wurzelverzeichnissen bekannt sind oder sich wenigstens in der betreffenden Bedeutung oder Verwendung bis jetzt nicht nachweisen lassen[1]).

Schliesslich könnte Einiges von seinem Verbalschatze auch auf uns unbekannten grammatischen Principien oder gar auf Missverständnissen beruhen.

Unsere Hauptaufgabe ist übersichtliche Registrierung seines Materials.

An dieser Stelle sei noch kurz auf zwei für die indische Wurzelliteratur wichtige Lehren der Grammatiker hingewiesen, die ich im folgenden nach der *Mâdhavîyadhâtuvṛtti* gebe. Den Texten habe ich möglichst genaue Inhaltsangaben beigefügt, die sich namentlich bemühen, den Gedankengang schwieriger Stellen zu erläutern.

Es handelt sich erstens um die Frage, ob das Suffix *ṇic* an die Verben des *curâdigaṇa* treten **muss**, oder ob diese Verben auch Formen ohne *ṇic* bilden dürfen. *Halâyudha*

1) Zur Frage über das Alter und die Zuverlässigkeit der *Dhâtupâṭha's* vgl. jetzt *Bühler*, Wiener Ztschr. f. d. K. d. M. VIII, 17 ffg., 122 ffg.

scheint die letzte Ansicht zu vertreten, denn es werden häufig Wurzeln, die, wenigstens nach den Lehren der uns bekannten Grammatiker, nur im *curâdigaṇa* erscheinen, auch als Wurzeln der *bhvâdi*-klasse behandelt. Vor Augen halten müssen wir uns aber auch hier die oben erwähnte Thatsache, dass *Halâyudha* offenbar über viel Material verfügt hat, das uns noch nicht wieder zugänglich ist.

Text der *Mâdhavîyadhâtuvṛtti:*
akâra uccâraṇârthaḥ prayojanântarâbhâvât | *na ca taññartho 'nudâtta it syât*[1]) *satyâpapâçetyâdinâ* (P. III, 1, 25) *curâdibhyaḥ svârthe ṇico vidhânâd aṇicaḥ prayogâbhâvât* | *tathâ ca Kâçyapaḥ*[2]) | *kâryâbhâvâd ekaçrutyâ paṭhyata iti* ‖ *atr-Âbharaṇe ghushir aviçabdana* (P. VII, 2, 23) *iti jñâpakâd*[3]) *akriyamâṇe 'pi vâgrahaṇe curâdibhyo ṇij vety uktvâta*[4]) *ekahal* ° (P. VI, 4, 120) *ity atra Vṛttau jagaṇatur jagaṇur iti pratyudâharaṇasamarthanârtham anityaṇyantâç curâdaya*[5]) *iti Nyâsakâreṇâbhidhânâd*[6]) *idaṁ jñâpakaṁ*

---

1) *K. ca tavarthonudâttettvaṁ syât.* 2) A. K. om. *Kâçyapaḥ.* 3) Es giebt nach Auffassung des *Patañjali* zwei Wurzeln *ghush, 1) ghushir aviçabdane bhvâdau* (*Dhp.* 17, 1), *2) ghushir viçabdane curâdau* (*Dhp.* 33, 53). Nun lehrt *Pâṇini* (VII, 2, 23), dass *ghush* im part. perf. pass. kein *i* erhält, wenn es „*aviçabdane*“ steht, und *Patañjali* wirft dazu die Frage auf: was soll der Zusatz „*aviçabdane*“; es kann doch überhaupt nur die Wurzel *ghushir aviçabdane bhvâdau* bei dieser Regel in Betracht kommen, denn bei der *curâdi*-wurzel *ghushir viçabdane* wäre die Lehre von der Augmentlosigkeit des Participiums ja sinnlos, da die fragliche Form doch auf alle Fälle *ghoshita* heissen müsste. Aus dem Umstande nun, dass *Pâṇini* trotzdem den Zusatz *aviçabdane* für nötig erachtet hat, folgt eben — nach der Ansicht des *Patañjali* — dass die *curâdi*-wurzel *ghush* auch wie eine *bhvâdi*-wurzel flektiert werden darf (sonst wäre *Pâṇini's* Beschränkung *aviçabdane* ja überflüssig; aber *Pâṇini* thut eben nichts Überflüssiges). s. *Mahâbhâshya* zu P. VII, 2, 23. 4) *K. uktatvâd ata C. uktvâ*; om. *ta.* 5) *gaṇ* ist nach der Grammatik nur ein Verbum der *curâdi*-klasse (*Dhp.* 35, 3). Wenn nun die *Kâçikâ* von diesem Verbum die Formen *jagaṇatuḥ, jagaṇuḥ* bildet (in der Regel über Substitution von *e* im Perfekt, als Gegenbeispiel zu der Beschränkung *anâdeçâder*), so geht daraus eben hervor, dass man von einem Verbum der 10. Klasse auch Formen ohne das Suffix *ṇi* bilden kann. 6) Der *Nyâsakâra* ist *Ji*-

sâmânyâpeksham[7]) *cety uktvâ dhṛshâd*[8]) *veti gaṇakâravacanaṁ* (*Dhâtup.* § 34) *cânuvâda ity uktam* ‖ *jñâpakasya svarûpam asmâbhir ghoshatau likhitam iti neha pradarçitam* | *tatra jñâpakasya sâmânyâpekshatvaṁ Kaiyyaṭa-viruddhaṁ yad âha ṇer aṇâv* (P. I, 3, 67) *ity atra gaṇayati gaṇam iti Bhâshya-vyâkhyâne nityatvâṇ ṇicaḥ kevalânâṁ curâdinâṁ prayogâbhâvâd iti*[9]) | *Bhâshya-viruddhaṁ ca* | *tathâ hi* | *kimartham aviçabdana ity ucyate na viçabdane ghusher ṇicâ bhavitavyam* | *evaṁ tarhi siddhe sati yad aviçabdanagrahaṇaṁ karoti taj jñâpayaty âcâryo viçabdane ghusher vibhâshâ ṇij bhavatîti* | *kim etasya jñâpane prayojanam* |

mahîpâlavacaḥ çrutvâ jughushuḥ Pushyamâṇavâ[10]) *ity esha prayoga upapanno bhavatîti viçishṭavishayatvenâbhidhânât* ‖ *ṛdupadhâc câkḷpicṛter* (P. III, 1, 110) *ity atrânityaṇyantâç curâdaya iti sâmânyena yad uktaṁ Padamañjaryâṁ*[11]) *tad api matântarâpekshaṁ na tu svamataṁ*[12]) *yad vakshyati ghushir aviçabdana ity atra ghushivishayam eva jñâpakam uktvânye tv âhur anityaṇyantâç curâdaya*

nendrabuddhi. 7) allgemein, d. h. für alle Verben der 10. Klasse, giltig. 8) *K. vety uktvât dhṛshât.* 9) *Kaiyyaṭa* (in der Ausg. des *Bhâshya*, Benares *Saṁvat* 1927) Fol. 255b, 1. 10) *C. mâlavâ. A. K. kshatramâlavâ.* 11) Der Zusammenhang, in dem die Bemerkung dort vorkommt, ist folgender: die *Kâçikâ* wirft die Frage auf, warum in der Regel III, 1 110 ausdrücklich gelehrt sei, dass das Suffix *kyap* an Wurzeln, die kurzes *ṛ* als Penultima haben, treten solle (*taparakaraṇam iti kim*; vgl. P. I, 1, 70), und giebt als Antwort: weil die Regel auf √*kṝt* keine Anwendung finden soll (an *kṝt* tritt also das Suffix *ṇyat*, nicht *kyap*). Dazu reflektiert nun *Haradatta*: *kṝt* ist eine Wurzel der *curâdi*-klasse; müssten diese Wurzeln immer notwendig das Suffix *ṇic* annehmen, so könnte unsere Regel auf *kṝt* in keinem Falle Anwendung finden, auch wenn die Beschränkung „kurzes *ṛ*“ nicht da wäre. Der Umstand nun, dass diese mit Rücksicht auf *kṝt* gegebene Beschränkung sich thatsächlich im *sûtra* findet, lehrt uns eben — da *Pâṇini* nichts Überflüssiges thut — dass *kṝt* sonst doch unter unsere Regel fallen würde, dass also das Suffix *ṇic* nicht notwendig an die *curâdi*-wurzeln zu treten braucht. *Padamañjarî* (*Paṇḍit*, N. S. XIV, 186): *kṝta saṁçabdane* | *ṇyad eva bhavatîti* | *anityaṇyantâç curâdaya iti ṇijabhâvapaksha iti* | *idam eva ca taparakaraṇaṁ liñgam anityaṇyantâç curâdaya iti* | *ṇijantât tu ṇilope kṛte câkṛte ca ditsyaṁ dhitsyam* (P. III, 1, 97) *itivad yad eva bhavati* ‖ 12) *K. °matâṁ.* 13) *B. °naṁ caṁ vi°.*

iti sámânyena jñâpyata iti ‖ *yâpy ṛdupadhâc cetyâdâv anityaṇyantâç curâdaya iti* *Nyâsakṛtaḥ sâmânyoktiḥ sâpi yeshâṁ liñgena vacanena vâ ṇijvikalpas tanmâtravishayaiva* | *tathâ ca ṇer aṇâv ity atra tenaivoktam* | *caurâdikânâm apy anityaṇyantatvâd vibhâshitaṇicâṁ keshâṁcid vidyamânatvâd iti* | *yasmâṇ ṇeḥ prâk karma kartâ vâ vidyate na caitasmâṇ ṇeḥ prâk karma kartâ vâ vidyata* (*Mahâbhâshya* I, 292, 1) *iti gaṇer nityaṇyantatvâbhidhânaṁ*[13]) *virudhyeta*[14]) | *tathâ jagaṇatur iti pratyudâharaṇe Padamañjary api* | *curâditvâd atra ṇic prâpnoti yadi neshyate 'nityaṇyantâç curâdaya iti* | *yadinâ*[15]) *hy aparitoshaḥ sûcyate* | *aparitoshaç ca pûrvokto Bhâshya-virodhaḥ* ‖ *tad evaṁ*[16]) *nitye ṇici*

svaritet syâd grahiḥ kryâdau lakshiç caikaç curâdishu

iti vacanât[17]) *laksheḥ svaritettvât liñgâd anyebhyaç curâdibhyo ṇicaç ceti* (P. I, 3, 74) *kartrabhiprâye* (vgl. P. I, 3. 72) *tan nety uktvâ*[18]) *Candras tv atrâpy ubhayapaditvam âsthita*[19]) *ṇijvikalpaṁ câhety*[20]) *âha*[21]) *Svâmî* | *evaṁ Devo Nandî câhatuḥ*[22]) | *Maitreyas tu svaritettvam asya necchati*[23]) *yad âha svaritettvam asya na*[24]) *kaçcit pratipadyata iti* | *ṇicaç cety atra Haradatto 'pi laksheḥ svaritettvaṁ prastutyâha nâtrâptabhâshitam asti Pârâyaṇe 'pi curâdiṇica âtmanepadam udâhṛtam iti*[25]) | *evaṁ ca lakshaṅ*[26]) *iti paṭhi-*

C. *°naṁ va vi°*. 14) *K. °rudhyeta* ‖ *na tathâ*. 15) *A. °na;* hinter *na* ein senkrechter gelber Tilgungsstrich. 16) *C. eva* (*A.* ?) 17) In obigem Verse wird √*laksh* (§ 32, 5) ausdrücklich als *svaritet*-wurzel gelehrt. Daraus geht, nach indischer Anschauung, natürlich hervor, dass die Regel *ṇicaç ca* auf das *ṇic* der *curâdi*-klasse keine Anwendung findet, denn dann wäre ja die Vorschrift: „*laksh* soll eine *svaritet*-wurzel sein" überflüssig. 18) *K. °dim*. 19) *K. âsthitaṁ*. 20) *B. C. vâhety*. 21) *K. °kalpavad ity âha*. 22) *C. vâhatuḥ*. 23) *K. mṛcchati*. 24) *K.* C. om. *na*. 25) (Der Druck im *Paṇḍit* (N. S. XII, 393) hat: *nâtrâprâpta°*). Ich fasse *âpta* als: „zuverlässiger Gelehrter, Autorität". Die ganze Stelle lautet: *ṇicaç ca* | *atra kaçcid âha* | *idam âtmanepadaṁ curâdiṇico na bhavati* | *kutaḥ* | *jñâpakât* | *kiṁ jñâpakam* | *lakshayateḥ svaritettvam iti* | *nâtrâptabhâshitam asti* | *Pârâyaṇe 'pi curâdiṇica âtmanepadam udâhṛtam esha vidhiç curâdiṇijantât syâd iti* | .... *lakshayateḥ svaritettvam anârsham* ‖ Das durch Punkte Angedeutete ist ganz verderbt. Das der Bibliothek des India Office gehörige Ms. hat an dieser *tvâ*[27]) *ṅitkaraṇâd anyebhyaç curâdibhyo ṇicaç ceti taṅ neti*[28]) *Çrîbhadra-vacanam api pratyuktam* | *Prakriyâratne ca citer iditvâj jñâpakâc*[29]) *curâdiṇico 'nityatvâc caṭa sphuṭa bhedana* (*Dhp.* 33,47.48) *ityâdau vicaṭatityâdy api yathâdṛshṭaṁ drashṭavyam ity ekîyamatam uktvâ tad Bhâshyoktajñâpaka-*

Stelle leider eine Lücke. 26) *K. lakshiñ.* 27) *K. paṭhitatvâ.* 28) *K. taṅeti.* 29) Wenn eine Wurzel der 10. Kl. mit dem *anubandha i* versehen ist, so liegt darin, nach der Lehre der Grammatiker, eine Andeutung, dass die betreffende Wurzel auch nach der 1. Kl. flektiert werden kann. *Mâdhavîyadhâtuvṛtti* zu *Dhâtupâṭha* 32, 2: *cinta smṛtyâm iti sânushaṅga eva paṭhitavya iditpâṭhân nalopâbhâvârthâd asya ṇic pâkshikaḥ* | *nitye hi ṇici tasya sthânivadbhâvâd vyavadhânân na kvâpi kṅitparatvam iti cintyata ityâdau nalopâprasaṅgaḥ* | *tena cintati cicinta cintitetyâdy api bhavati* | *evam anyatrâpîdittvaṁ ṇijvikalpârthaṁ drashṭavyam* || Der Sinn dieser Stelle ist folgender: P. VI, 4, 24 wird gelehrt: „vor einem *kit-* oder *ṅit*-suffixe schwindet nasale Penultima, ausser wenn die Wurzel den *anubandha i* hat und somit ihren Nasal erst nach P. VII, 1, 58 erhält (also im *Dhâtupâṭha* nicht wirklich mit Nasal aufgeführt ist)". Angenommen nun, die Wurzeln der 10. Klasse müssten immer das Suffix *ṇic* annehmen, so könnte P. VI, 4, 24 auf sie nie Anwendung finden, da ein *kit-* oder *ṅit*-suffix nie unmittelbar auf eine Wurzel der 10. Kl. folgen könnte, sondern immer durch das Suffix *ṇic* von der Wurzel getrennt wäre. (Ist *ṇic* nach P. VI, 4, 51 fg. auch abgefallen, so gilt es doch (nach P. VI, 4, 22) in Bezug auf P. VI. 4, 24 als vorhanden). Für eine Wurzel der 10. Kl. wäre es also ganz gleichgiltig, ob sie mit nasaler Penultima im *Dhâtupâṭha* gelehrt würde, oder ihren Nasal erst durch den *anubandha i* bekäme, da ja die einzige Regel, für die dieser Unterschied von Bedeutung sein könnte, nämlich P. VI, 4, 24, auf solche Wurzeln gar keine Anwendung finden dürfte. Der Umstand nun, dass thatsächlich eine Reihe von Wurzeln der 10. Kl. mit dem *anubandha i* erscheint, beweist eben — da *Pâṇini* doch nichts Überflüssiges thut —, dass die Regel VI, 4, 24 auch auf sie Anwendung finden kann, mit andern Worten, dass *ṇic* nicht notwendig an solche Wurzeln zu treten braucht. Man kann also *cintati*, *cicinta*, *cintitṛ* u. s. w. bilden. — Auch *Vopadeva* teilt diese Ansicht (wohl in der *Kâvyakâmadhenu*) s. *Westergaard*, Rad. pg. 371. — *Si. Kau. Bombay* 1887 pg. 249. *cinteti paṭhitavya iditkaraṇaṁ ṇicaḥ pâkshikatve* | *liṅgam* | *tena cintyâc cintyata ityâdau nalopo na* | *cintati cintet* | *etac ca jñâpakaṁ sâmânyâpeksham ity eke 'ta ekahal* (P. VI. 4, 120) *ity atra Vṛttikṛtâ jagaṇur jagaṇatur ity uddhṛtatvât* | *viçeshâpeksham ity apare* | *ata evâ dhṛshâd vety asya na vaiyarthyam* || *yatri saṁkoce* | *yantrayati* | *yantreti paṭhitum viruddham evaṁ hi ghushir viçabdana*[30]) *ity asyâpy aṇyantasya saṁbhavât tadvyâvṛttyarthâviçabdanoktiḥ kathaṁ jñâpikâ syâd iti tanmataṁ dûshitam* || *tasmâd yatra liṅgaṁ vacanaṁ vâsti*[31]) *tatra vikalpa iti siddhântaḥ*[32]) | *vacanaṁ spashṭam* | *liṅgam api tatra tatra dhâtau pradarçayishyate*[33]) *yat tu jayaṇatur jagaṇur iti liṅgavacanayor abhâve 'py aṇyantasya pratyudâharaṇam ata ekahal ity atra Vṛttau tad anityaṇyantâ iti sâmânyavâdimatâpekshayâ na tu siddhântabuddhyâ* | *corayati* .... *corayate* || —

Der **Inhalt** der citierten *Dhâtuvṛtti*-stelle ist folgender: Das wurzelschliessende *a* (*cura* u. s. w.) kann nur die Bestimmung haben, die Aussprache zu erleichtern, da sich ein anderer Zweck nicht auffinden lässt. — Ein Âtmanepada bewirkender *anudâtta* (P. I, 3, 12) ist als *anubandha* bei den Wurzeln der 10. Kl. unstatthaft, weil diese Wurzeln ohne das Suffix *ṇic* nicht vorkommen, denn in P. III, 1, 25 ist für sie schlechthin dieses Suffix gelehrt worden, ohne dass es sich dabei etwa um eine Modificierung der Bedeutung handelte (wie ja beim *hetumaṇṇic*, dem Suffixe des Causativums); für das Genus der auf *ṇic* endigenden *dhâtu's* existiert aber eine besondere Regel (P. I, 3, 74) s. u. Deshalb sagt auch *Kâçyapa*, dass kein bestimmter Accent als *anubandha* gelehrt werde, da ein solcher keinen Zweck habe. Nun wird die oben ausgesprochene Behauptung, dass die Verben der 10. Kl. das Suffix *ṇic* notwendig annehmen müssten, näher beleuchtet. Da sagt nun das *Âbharaṇa* Folgendes: aus dem *jñâpaka* in P. VII, 2, 23[1]) folgt, dass, wenn auch in P. III, 1, 25 kein *vâ* steht, dennoch die Verben der 10. Kl. das Suffix *ṇic* nur fakultativ annehmen, und aus der Behauptung des *Jinendrabuddhi*: „die Verben der 10. Kl. brauchen nicht immer

---

çakyam | *yat tv iditkaraṇâd yantratîti Mâdhavoktaṁ tac cintyam* | *evaṁ kudri-tatri-matrishu* (bei diesen vier Verben kann P. VI, 4, 24 ja keine Anwendung finden, weil *n* nicht Penultima ist). 30) *A. C. B. aviçabdana;* in *A.* aus *viçabdana* verändert. 31) *K. B. C. câsti;* in *A. vâsti* aus *câsti* verbessert. 32) *K. siddhaṁti.* 33) *B. C.* om. *pra.*

1) Näheres über das *jñâpaka* s. in der Note 3) zum Texte.

ṇic anzufügen" — einer Behauptung, die zur Rechtfertigung des Gegenbeispiels der *Kâçikâ* zu P. VI, 4, 120 *jagaṇatuḥ, jagaṇuḥ* notwendig ist — folgt ferner, dass das *jñâpaka* in P. VII, 2, 23 sich auf alle Verben der 10. Kl. bezieht, nicht, wie man ja leicht vermuten könnte, auf *ghush* allein. Also ist die vom *dhâtupâṭhakâra* für eine bestimmte Reihe von *curâdi*-wurzeln (*Dhp.* § 34) gegebene Lehre von der beliebigen Anwendung des *ṇic* (*â dhṛshâd vâ*) nur als eine Wiederholung eines von vornherein feststehnden Principes anzusehen. So weit das *Âbharaṇa*. Nach der beiläufigen Bemerkung, dass das Wesen des erwähnten *jñâpaka*'s gelegentlich der Besprechung der Wurzel *ghush* auseinandergesetzt sei, und deshalb hier übergangen werde, beginnt die *Dhâtuvṛtti* ihre Polemik gegen die Anschauung des *Âbharaṇa*: Zunächst widerspricht die Auffassung, dass das *jñâpaka* sich auf alle Verben der 10. Kl. beziehen solle, der Autorität des *Kaiyyaṭa*; denn derselbe sagt einmal, gelegentlich der Erklärung des *Bhâshya* zu P. I, 3, 67, wörtlich: „da die *curâdi*-wurzeln allein (d. h. ohne *ṇic*) nicht vorkommen, weil nämlich *ṇic* notwendig antreten muss." [Der Zusammenhang, aus dem die Stelle gerissen ist, ist fürs Verständnis der *Dhâtuvṛtti* gleichgiltig]. Ferner widerspricht die gerügte Ansicht der Autorität des *Bhâshya*, denn in der Kritik zu P. VII, 2, 23 heisst es: der Lehrer (*Pâṇini*) deutet an, dass an *ghush* (wenn es in der Bedeutung *viçabdane* steht) beliebig *ṇic* tritt, und als *prayojana* des *jñâpaka* wird eine Stelle angeführt, in der die Form *jughushuḥ* vorkommt, woraus eben folgt, dass *Patañjali* die von ihm vorgetragene Lehre nur auf ein bestimmtes Gebiet, nämlich *ghush*, beschränkt wissen will, also das *jñâpaka* nicht auf sämtliche *curâdi*-wurzeln bezieht. Nun könnte jemand einwenden: aber *Haradatta* — der doch auch eine Autorität ist — sagt in seiner *Padamañjarî* (zur *Kâçikâ* zu P. III, 1, 110) ganz allgemein: „die Wurzeln der 10. Kl. brauchen nicht notwendig *ṇic* anzunehmen." Dem müsste man erwidern: *Haradatta* führt mit dieser Äusserung nur die Ansicht anderer Grammatiker an, nicht seine eigene; das geht aus seiner Erklärung zu P. VII, 2, 23 hervor, wo er ausdrücklich sagt, das *jñâpaka* bezöge sich nur auf *ghush*, andere dagegen wollten ihm eine allgemeine Geltung für alle *curâdi*-wurzeln zuschreiben. Wenn ferner *Jinendrabuddhi* zu P. III, 1, 110 ganz allgemein sagt: „die Verben der *curâdi*-klasse brauchen nicht notwendig *ṇic* anzunehmen", so bezieht sich auch das nur auf solche Wurzeln, bei denen sich aus einem *liñga* oder einem *vacana* 1) die beliebige Anwendung des *ṇic* ergiebt (also nicht auf sämtliche *curâdi*-verben). So sagt derselbe denn auch zu P. I, 3, 67 ausdrücklich, dass es einige *curâdi*-wurzeln gebe, die *ṇic* beliebig anfügen. Ausserdem dürfte die *Bhâshya* I, 292, 1 gegebene Lehre, dass *gaṇ* ohne *ṇic* nicht vorkommen könne, mit der Ansicht des *Âbharaṇa* direkt im Widerspruch stehn. Gegen die Behauptung, dass das Antreten von *ṇic* fakultativ sei, sprechen indirekt schliesslich auch die Worte der *Padamañjarî* zu *jagaṇatuḥ*, dem Gegenbeispiele der *Kâçikâ* zu P. VI, 4, 120; sie sagt nämlich: „weil *gaṇ* eine *curâdi*-wurzel ist, ergiebt sich das Suffix *ṇic*; will man das aber nicht haben, so muss man eben das Princip *'anityaṇyantâç curâdayaḥ* anwenden." Aus dem Umstande, dass *Haradatta* das Princip nur unter der Klausel: „wenn man *ṇic* aber nicht haben will", anbringt, geht eben hervor, dass er an diesem Principe Anstoss nimmt. Begründet ist dieser Anstoss in dem oben erwähnten Konflikte mit der Anschauung des *Bhâshya*. Vorläufiges Resultat der Untersuchung der *Dhâtuvṛtti*: „*ṇic* tritt obligatorisch an die *curâdi*-wurzeln." Dagegen wird die von *Svâmin* referierte Ansicht des *Candra* angeführt. Aus dem Verse, der *laksh* ausdrücklich als *svaritet*-wurzel lehrt, geht hervor, dass die *Âtmanepada*-endungen, die in dem Falle, dass der Erfolg der Handlung den Agens zum Ziele hat, nach P. I, 3, 74 an die auf *ṇic* endigenden Wurzeln treten, den übrigen Verben der 10. Klasse nicht angefügt werden, (sonst wäre es ja überflüssig, für *laksh* eine besondere Vorschrift zu geben, die ja nur dasselbe lehren würde, was schon aus der allgemeinen Regel *ṇicaç ca* P. I, 3, 74 sich ergäbe; diese Regel kann sich also

1) *liñga* ist soviel wie *jñâpaka*; *vacana* die „ausdrückliche Lehre" z. B. *â dhṛshâd vâ* Wz. § 34.

nur auf *hetumannic* nicht auf *curâdinic* beziehen); trotzdem lehrt *Candra* für die *curâdi*-wurzeln beide Genera verbi, weil er nämlich fakultatives Antreten des *ṇic* annimmt (nach ihm sind also die *curâdi*-wurzeln mit *ṇic Parasmaip.*, können aber ohne *ṇic* auch *Atmanep.* sein). So berichtet *Svâmin*, der *Candra*'s Ansicht billigt; derselben Ansicht sind *Deva* und *Nandin*. *Maitreya* aber will nicht, dass *laksh* eine *svaritet*-wurzel sein soll, denn er sagt, von der *svaritet*-schaft wisse niemand etwas. *Haradatta* führt zu P. I, 3, 74 die Lehre, dass *laksh svaritet* sei, samt dem aus ihr gezogenen Schlusse (*ṇicaç ca* bezieht sich nicht auf *curâdiṇic*) an, verwirft sie aber mit Hinweis darauf, dass sie nicht durch anerkannte Autoritäten gestützt sei, dass dagegen das *Pârâyaṇa* lehre, P. I, 3, 74 bezöge sich auch auf das *ṇic* der *curâdi*-wurzeln. Die *Dhâtuvṛtti* stimmt dem *Haradatta* bei, denn sie sagt, damit sei auch die Lehre des *Çribhadra* widerlegt, der *laksh* mit dem *anubandha ñ* liest, und daraus die oben auseinandergesetzte Folgerung zieht (*ṇicaç ca* bezieht sich nicht auf *curâdiṇic*). (*Maitreya, Haradatta*, das *Pârâyaṇa* und die *Dhâtuvṛtti* beziehen also *ṇicaç ca* auch auf das *ṇic* der *curâdi*-wurzeln; sie brauchen also nicht, wie *Candra* u. s. w. es müssen, beliebige Anwendung des *ṇic* anzunehmen, um beide genera verbi für die *curâdi* herauszubekommen). Die *Dhâtuvṛtti* führt nun noch kurz die Ansicht des *Prakriyâratna* über die Frage, ob *ṇic* fakultativ sei, an, um dann ihrerseits das definitive Schlussresultat zu ziehen.

Das *Prakriyâratna* führt folgende auf einigen Autoritäten fussende Anschauung an: aus dem im *anubandha i* der Wurzel *citi* liegenden *jñâpaka* (s. Note 29 zum Texte) folge, dass überhaupt das *ṇic* der 10. Kl. nur fakultativ antrete, so dass man also auch von *caṭa* und anderen Wurzeln *vicaṭati* u. s. w. bilden könne, Formen wie sie wirklich in der Sprache vorkämen; dann aber erklärt das *Prakriyâratna* diese Ansicht für falsch mit den Worten: das bildet einen Widerspruch zu dem im *Bhâshya* auseinandergesetzten *jñâpaka*, denn die oben angeführte Lehre würde ja auch die *curâdi*-wurzel *ghushir viçabdane* treffen, diese Wurzel könnte also von vornherein Formen ohne *ṇic* bilden; dann wäre das *aviçabdane* des *sûtra* eben dazu da, die in Rede stehnde Participialbildung für diese Wurzel zu verbieten (d. h. auf die im *bhvâdigaṇa* gelehrte Wurzel *ghushir aviçabdane* zu beschränken); das *aviçabdane* hätte also einen auf der Hand liegenden Zweck, und könnte somit kein *jñâpaka* enthalten (denn ein *jnâpaka* liegt immer nur in einem Plus, das zunächst überflüssig erscheint, aus dessen thatsächlichem Vorhandensein im *sûtra* dann aber etwas erschlossen wird). Widerspricht aber eine Ansicht der Autorität des *Bhâshya*, so ist sie falsch, das ist die Argumentation des *Prakriyâratna*. — Nun zieht die *Dhâtuvṛtti* das Facit: die definitiv richtige Ansicht ist die, dass nur wo ein *liñga* oder ein *vacana* darauf hinweist, das *ṇic* der *curâdi*-wurzeln fakultativ ist. Ein *vacana* — das ist klar. Ein *liñga* wird bei der einen oder der andern Wurzel auseinandergesetzt werden (wie z. B. bei *citi*). Das Gegenbeispiel aber, das die *Kâçikâ* zu P. VI, 4, 120 anführt, *jagaṇatuḥ, jagaṇuḥ*, welches die Wurzel *gaṇ* ohne *ṇic* bietet, obgleich weder ein *liñga* noch ein *vacana* dafür spricht, das ist nur mit Rücksicht auf die Ansicht derjenigen Grammatiker gegeben, die ganz allgemein sagen: „*ṇic* braucht nicht notwendig anzutreten“, ohne dass die *Kâçikâ* etwa meinte, dies sei nun die endgiltig richtige Lehre. — Man darf also nur *corayati* bilden (nicht *corati*) und ausserdem *corayate* (da P. I, 3, 74 sich, wie oben erwiesen, auch auf das *curâdiṇic* bezieht). — Wenn *Westergaard* dem § 32 die Ueberschrift *„parasmaipadinaḥ“* giebt, so entspricht das also der Lehre der *Dhâtuvṛtti* nicht. — Die *Si. Kau.* (pg. 248) schliesst sich auch hier ihrem Vorbilde, der *Dhâtuvṛtti*, an, bildet nur *corayati* (nicht *corati*, erwähnt die Frage, ob *ṇic* fakultativ sei, hier gar nicht, aber bei $\sqrt{}$*citi* s. o.) und ausserdem *corayate*, mit Bezugnahme auf P. I, 3, 74. —

Das *Kâtantra* lehrt nichts davon, dass *in* fakultativ sei (*Kâ.* III, 2, 11). Zu *Kâ.* III, 2, 45 (schliesst P. I, 3, 74 ein) giebt *Durgasiṁha* direkt nichts an, was darauf schliessen liesse, dass er die Regel auch auf das *in* der *curâdi*-wurzeln bezogen wissen wolle (sein Beispiel ist *kârayate*, wie in der *Kâçikâ*). —

Vopadeva Mugdhabodha XVII, 1. *curbhyo ñir vâ* ‖ . . *corayati* | *corayate* | . . . *pakshe coratîtyâdi* ‖ —

Zweitens ist von Wichtigkeit *Dhâtupâṭha* 33, 75: *â svadaḥ sakarmakât. Halâyudha* kümmert sich nicht darum, ob diese Wurzeln *sakarmaka* sind oder nicht, er giebt ihnen auch als Intransitiven das Suffix *ṇic*. Das ist von Bedeutung für die unter diesem *adhikâra* stehnden *bhâshârthâḥ* (*Dhp.* 33, 79—109). Letztere werden von *Halâyudha* nicht in der Bedeutung „reden", oder, wie einige Grammatiker wollen, „leuchten" (*bhâsârthâḥ*, *dîptau* u. s. w.) gebraucht, sondern in den Bedeutungen, die sie in der Sprache sonst haben.

Text der *Dhâtuvṛtti:*

â svadaḥ sakarmakât | *atrânye svâda* [1]) *iti dîrghopadhaṁ* [2]) *paṭhanto vakshyamâṇaṁ shvada* [3]) *âsvâdana* (*Dhp.* 33, 130) *iti dhâtum api dîrghavantaṁ paṭhanti* | *â kusmâd* (*Dhp.* 33 A.) *itivad abhividhâv ayam âkâraḥ* | *tena grasiprabhṛtibhyaḥ* (*Dhp.* 33, 76) *shvada âsvâdana itivakshyamâṇaparyantebhyaḥ sakarmakebhya* [4]) *eva ṇij bhavati* | *idaṁ ca sakarmakatvavacanaṁ karmasâpekshakriyâmâtravâcitve* [5]) | *tenâprayujyamâne 'pi karmaṇy ayaṁ vidhir bhavati* | *ata eva* [6]) *hi* [7]) *Maitreyaḥ saṁbhavikarmakâṇ* [8]) *ṇij ity âha* | *uktaṁ ca Purushakâre saṁbhavikarmakatvakathanena* [9]) *saty asati vâ karmaṇah prayoge tatsaṁbhavamâtre ṇij bhavatîty uktaṁ bhavati karmasaṁbhavaḥ punar anekârthatvenârthântaravâcitâyâṁ* [10]) *yathâprayogaṁ drashṭavya iti ca* | *karmakartṛvishaye 'py arthântaravṛttivishayasamânam* [11]) *iti na tasyeha pṛthagvishayatveno-*

1) alle Mss *svâdaya.* 2) *K.* inser. *paṭhitvâ.* 3) Mss. *svada.* 4) *B.* °*mabhya.* 5) *B.* °*naṁ sakarmaṁrmakakriyâmâtravâcitvena te*°; *C.* °*naṁ sakarmakâpekshâkriyâmâtravâcitvena te*°. 6) *K. atra eva.* 7) *B.* om. *hi.* 8) *B.* °*bhavatka*°: *C.* °*bhavatika*°. 9) *B. saṁbhabhakkarmakatvaṁ kathaṁ tena; C.* °*bhavatika*°. 10) *K. punar ekâ*°. 11) *A. py arthâṁtaravṛttivisamânam K. py ayaṁtiravṛttivisamânam. C. py arthâṁtaravishaye py arthâṁtaravṛttivimamânam; B.* °*vishaye samânava-*

pâdânam[12]) ‖ *atra kecit pañcamîprakaraṇâbhyâṁ saṁnihitena ṇicârthaprâptam evakâraṁ saṁbadhnantaḥ*[13]) *sakarmakâṇ ṇij eva bhavatîty akarmakât tu yathâyogam ity âhuḥ* | *tad asad evakârasya sakarmakâd iti çrutenânvaye*[14]) *labdhe 'çrutenânvayâyogât* | *anena khalv abhiprâyeṇa* *Maitreyâdayaḥ sakarmakâd evety evaṁ vyâkhyân*[15]) ‖ *atra matântaram apy âha* *Maitreya* *âsvâda eva sakarmakâd ity eka iti* | *tathâ ca* *Kshîrasvâmy* *âñpûrvât*[16]) *svadeḥ sakarmakâṇ ṇij bhavatîti* | *ayaṁ pakshaḥ* *Purushakâre* *dûshitaḥ* | *tatra câbhividhipaksha eva yuktaḥ pratyavabhâsata ihâpy âñaḥ pûrvâpareshv*[17]) *ivâbhividhyarthatâyâ*[18]) *evaucityât* | *â kusmâd* (*Dhp.* 33 A.) *iti hi pûrvatrâbhividhâv âñ dṛshṭaḥ* | *â dhṛshâd vety* (*Dhp.* 34) *â garvâd* (*Dhp.* 35 B.) *iti ca*[19]) *samanantaram evaivaṁ drakshyate* | *tatrâyam api tanmadhyapâtî tacchâyaç câñ*[20]) *tadartha eva vyaktam*[21]) *avabhâsate* | *tad atra pakshântaraṁ vyâcakshâṇânâm âçayaç cintya*[22]) *iti* ‖

Der Inhalt dieser *Dhâtuvṛtti*-Stelle ist folgender: *â svadaḥ sakarmakât* | Einige Grammatiker lesen *svâdaḥ* statt *svadaḥ*, und dann natürlich auch weiter unten bei Aufführung der Wurzel selber (*Dhp.* 33, 130) *â* statt *a*. Die dem *svadaḥ* vorausgehnde Präposition *â* bedeutet: „bis — inklusive", grade so wie bei der Angabe: *â kusmâd âtmanepadinaḥ* (*Dhp.* 33 A.). *â svadaḥ sakarmakât* bedeutet also: an die Wurzeln *grasa* (*Dhp.* 33, 76) u. s. w. bis *shvada* (*Dhp.* 33, 130) inklusive tritt, nur wenn sie transitiv (*sakarmaka*) sind, das Suffix *ṇic*. Wenn hier nun gelehrt wird, dass die Verben mit einem Objekt versehen (*sakarmaka*) sein müssen, so soll das nur so viel heissen, dass sie eine Handlung bezeichnen müssen, die ein Objekt (*karma*) voraussetzt. Also auch wenn das Objekt nicht ausgesprochen (sondern nur zu ergänzen) ist, tritt unsere Regel in Kraft. Deshalb sagt denn

---

mâbharthâṁtaravṛttivishaye samânam. 12) *A. K.* °*tvenehopâ*°. 13) *K.* °*prâptayevakâraṁ saṁvatamaḥ.* 14) °*tenvaye.* 15) *K.* °*khyâtaṁ B.* °*khyaṁn.* 16) *B. C.* °*pûrvakât.* 17) *C. parâpareshv* statt *pû*°. 18) *K.* °*vidhyatâyâ; B.* °*vishyaryatâyâ; C.* °*vidhyarthanoya.* 19) *B.* om. *ca.* 20) *C. tachâyaṁ âña; B. tataç câyam âñ.* 21) *K. eva vaktavabhâ*°. 22) *B.* °*ya sthitya.*

auch *Maitreya*, *ṇic* würde an diese Verben gefügt, wenn sie in einem Sinne ständen, der den Gebrauch eines Objektes ermöglichte[1]). Dann führt die *Dhâtuvṛtti* zwei hierauf bezügliche Äusserungen des *Purushakâra* an: einerlei ob ein Objekt wirklich dastände oder nicht, schon wenn die Möglichkeit für ein solches vorhanden wäre, träte *ṇic* an die fraglichen Wurzeln; und ferner: ob nun die Möglichkeit für ein Objekt vorhanden wäre, das müsste, wenn die Wurzeln — weil jede ja viele Bedeutungen hätte[2]) — in einem andern (als ihrem gewöhnlichen) Sinne ständen, je nach dem Gebrauch (also im einzelnen Falle) untersucht werden. Dann macht die *Dhâtuvṛtti* noch eine kurze Bemerkung über das Reflexivum: Wenn es sich um die Frage handele, ob ein Reflexivum vorliege, so sei genau so zu verfahren, wie wenn Verben dieser Reihe in einer von der gewöhnlichen abweichenden Bedeutung gebraucht würden, deshalb sei das Reflexivum hier nicht besonders behandelt worden. Mit dem *ṇic*, das man ja dem *â svadaḥ sakarmakât* mit Rücksicht auf den Ablativ (*°kât*; vgl. P. I, 1, 67) und den ganzen augenblicklich behandelten Abschnitt (nämlich den *curâdigaṇa*), notwendig in Gedanken hinzufügen muss, verbinden einige Grammatiker das aus dem Sinne zu folgernde *eva*, und sagen: wenn diese Verben transitiv sind, nehmen sie nur *ṇic* an, wenn sie aber intransitiv sind, behandelt man sie so, wie man sie sonst auch behandeln würde. Das ist falsch — sagt die *Dhâ-*

---

1) Hier sei auf eine Stelle des *Mallinâtha* (zu *Kirât.* I, 5) hingewiesen: die Worte des Textes: *hitân na yaḥ saṁçṛṇute sa kiṁprabhuḥ* werden folgendermassen erklärt: *hitâd âptajanâd dhitopadeshṭuḥ sakâçât | âkhyâtopayoga* (P. I, 4, 29) *ity apadânatvâd pañcamî | na saṁçṛṇute na çṛṇoti | hitam iti çeshaḥ | samo gamyṛcchi°* (P. I, 3, 29) *ityâdinâ saṁpûrvâc chṛṇoter akarmakatvâd âtmanepadam | akarmakatvaṁ vaivakshikam | ...* Nach *Vârtt.* 2 zu P. I, 3, 29 (*Mallinâtha* sagt einfach nach P. I, 3, 29; er wird *çru* in der Regel selbst gelesen haben, wie einige Texte es bieten) treten an *sam* + *çru*, wenn es intransitiv (*akarmaka*) ist, die Âtmanepada-endungen; hier ist es intransitiv, also steht Âtmanepada. Ob intransitiv oder transitiv hängt davon ab, wie der Redende die Sache darstellen will.

2) *dhâtûnâm anekârthatvam* ist ein sehr häufig in grammatischen Werken erscheinendes Princip.

tuvṛtti — denn das (zu ergänzende) *eva* muss doch zu dem wirklich dastehnden *sakarmakât* konstruiert werden, und darf also nicht zu einem gar nicht dastehnden Worte (*ṇic*) gezogen werden. Dieser Auffassung folgend erklären denn *Maitreya* und andere Grammatiker: nur wenn die Verben transitiv sind, tritt *ṇic* an (sonst nicht). *Maitreya* berichtet auch noch von einer ganz anderen, von einigen Gelehrten vertretenen Ansicht, dass der Ausdruck *âsvadaḥ sakarmakât* nichts weiter besage, als dass das Verbum *â*+*svad*, wenn es transitiv sei, *ṇic* annehmen solle (*âsvâdayati*). Zu den Anhängern dieser Auffassung gehört *Kshîrasvâmin*. Zum Schlusse wird nun die Widerlegung angeführt, die *Purushakâra* dieser Ansicht angedeihen lässt: hier schiene es nur angebracht, das *â* als „bis — inklusive" zu fassen, da man das *â* hier doch ebenso auffassen müsste wie in den andern im *curâdigaṇa* vorkommenden ganz analogen Ausdrücken: „*â kusmât*", „*â dhṛshât*", „*â garvât*", die unserem „*â svadaḥ*" teils kurz voraufgingen, teils dicht nachfolgten. Wodurch *Kshîrasvâmin* und Andere zu ihrer abweichenden Ansicht geführt seien, bliebe unentschieden.

Die Ansicht, die von *Kshîrasvâmin* vertreten wird, schreibt (nach *Westergaard*) *Ramânâtha* auch dem *Çâkaṭâyana* zu. — *Si. Kau.* (pg. 253, 6) stimmt zur *Dhâtuvṛtti*: *svadim abhiprâpya saṁbhavatkarmabhya eva ṇic.* —

Folgende Kommentare sind bei der Ausgabe benutzt und in den Anmerkungen verwertet worden.

Zur älteren Recension:

r. Glosse des *Ravidharman*, klar und verständig. Im Anfang ausführlicher, dann spärlicher, schliesslich fast nur Erklärungen der Verbalformen bietend. Der Verfasser ist ein Gelehrter der *Kâtantra*-schule, wie die zahlreichen Citate aus dieser Grammatik und ihrem *Dhâtupâṭha* beweisen.[1]) Ueber die Hdschr. s. u. **Bñ.** — Das Werk heisst bei ihm auch *Kaviguhya* und *Apaçabdâbhâsa*.

Der Anfang lautet:

oṁ | arjaṁ (!)[1]) *namaḥ* ||
pîtvaiva[2]) *çrutatoyâni yasyâḥ çudhyanti dehinaḥ* |
munihaṁsasamâkîrṇâṁ tâṁ namâni Sarasvatîm || 1 ||
Kaviguhyaṁ prasattyâdibhâvagamyam anekadhâ |
yasya yenopasargeṇa dhâtoḥ kavipadaṁ kiyat || 2 ||
arthataḥ çabdato vâpi samân dhâtûn[3]) *nibadhnatâ* |
tathâ Halâyudhenedaṁ kṛtaṁ Kavirahasyakam || 3 ||
âbhâsante padâny atra pracurâṇy apaçabdavat |
tadvishasaṁstvabhâvena (!) *nibandhanam apekshate* || 4 ||
tatash ṭîkâprasiddhârthân[4]) *vyâkhyâtum upayoginî* |
mugdhabuddhiprabodhârthaṁ kriyate Ravidharmaṇâ | 5 ||
guṇânvitâṁ suvarṇâḍhyâṁ[5]) *bahvarthâṁ vipulâṁ ghanâm* |
imâm ahaṁ na muñcâmi kshudrabhîter yunâmi[6]) *ca* || 6 ||
naur iveha navâmbhodhir uttârâya viçâmi yâm[7]) |
gâḍhatattvasamâyogâ[8]) *bhidyate na jaḍair dṛḍhâ* || 7 ||
vicârayantu tâṁ santo mâtsaryeṇa vivarjitâḥ |
Halâyudhakathâkhyâne nûnaṁ Nârâyaṇaḥ kshamaḥ | 8

kaviḥ svakâvyâdau ishṭadevatânamaskâraṁ karoti | tannamaskârakaraṇât *) *puṇyasaṁbhâro bhavati | puṇyasaṁbhârâd vighnavinâço jâyate | taṁ vighnavinâçaṁ manyamâno*[9]) *Halâyudhaḥ prâha* | . . . .

Zum Schluss:

kâvyaṁ Halâyudhakṛtaṁ Kaviguhyanâma
khyâteha tasya Ravidharmakṛtâsti ṭîkâ |
abhyasya tâṁ yadi vadanti budhâ vivâde
spashṭaiḥ kriyetarapadair[10]) *vijayaṁ labhante* || 1 ||

1) Auch die *Abhidhânaratnamâlâ* wird citiert.

1) Ob an *arhaṁ* zu denken ist? *Weber* Catal. No. 1970, 1994, 2014, 2020 u. a. m. 2) Hdschr. *pîtveva.* 3) Hdschr. *samânadhâtuni°.* 4) Prof. *Kielhorns* Konj.; Hdschr.° *rthâ.* 5) Hdschr. *suvaṇṇoḍhyâṁ.* 6) Hdschr. *yugâmi ca* (*ca* auch als *va* zu lesen). 7) Hdschr. *çivâmiyaṁ.* 8) Hdschr. *gâḍhacattva°* oder *°vattva°.* *) Hdschr. *skâraṇât.* 9) Hdschr. *maryamâno.* 10) *Bh a.*, das

Apaçabdâbhâsâkhye kâvye ṭîkâ çatâni daça (!) *vihitâ* |
çlokânâm adhikâni tu vidushâ[11]) *Ravidharmasaṁjñena* ‖ 2 ‖

Dann folgen einige Strophen ähnlich wie die des *Kavirahasya*:

çastre pragalbhate kaçcid anyaḥ çâstre pragalbhate |
çastre çâstre ca sarvatra yaḥ pragalbhâyate kṛtî[12]) ‖ 1 ‖
saṁsâragranthayo[13]) *yasya çlathante tattvadarçanât* |
vayasaḥ pariṇâme 'pi sâmarthyaṁ na çlathâyate[14]) ‖ 2 ‖
vikasanti guṇâ yasya vibhavâç ca vikaṁsate[15]) |
kupate (!)[16]) *dinalokeshu kupayaty* (!)[16]) *âtureshu ca* ‖ 3 ‖
bhajate[17]) *bhâskaraṁ bhaktyâ bhâsate*[18]) *tadvad ojasâ* |
ruṇaddhi ripurâshṭraṁ yas tebhyo 'rgham[19]) *anurudhyate*[20]) 4 ‖
adhikâḥ çlokâḥ pratyaṁtarât (!) ‖

çu iti Çrî-Kavirahasyaṭîkâ saṁpûrṇâ.

Nach diesem Schluss folgen in der Hdschr. (s. u.) noch einige stellenweise verderbte Strophen ganz allgemeinen grammatischen Inhalts, die vom Schreiber gemacht oder einem anderen Werke entnommen zu sein scheinen; so heisst z. B. die letzte Strophe:

saṁjñâ ca paribhâshâ ca vidhir niyama eva ca |
pratishedho 'dhikâraç ca shaḍvidhaṁ sûtralakshaṇam ‖
ityâdi ‖

---

r[1]. Glosse eines Anonymus. Nach dem *Dhâtupâṭha* des *Hemacandra* gearbeitet. Dieser Grammatiker wird viel

---

diese beiden Schlussstrophen (obgleich es den Kommentar des *Ravidharman* nicht enthält) gleichfalls bietet, liest *kriyâṁtara*°. 11) *Bh*ᵃ. *kavinâ* statt *vidushâ*. 12) Über die Verbalformen vgl. Anm. zu *a*, 102. 13) Hdschr. °*sâraṁ gra*°. 14) Verbalf. vgl. Anm. zu *a*, 129. 15) s. Glossar unter *kas* und *kaṁs*. 16) *kupate* und *kupayati* beruhen offenbar auf Schreibfehler. Es ist *kṛpate* oder *krapate*; *kṛpayati* oder *krapayati*. Näheres in den Anmerkungen, s. Glossar unter *kṛp* und *krap*. 17) *Dhp*. 23, 29. 18) *Dhp*. 16, 23. 19) *'rgham* oder *'rtham* zu lesen. 20) s. Anm. zu *a*, 199.

citiert. r^1 ist durchaus von *Ravidharman* abhängig, hat vieles wörtlich aus ihm herübergenommen, vieles gekürzt. Über die Hdschr. s. u.

Zur jüngeren Recension:

1) Kommentar von anonymem Verfasser; in einer Hdschr. t und einem Druck vl (s. u.). Ohne individuelles Gepräge, nur Citate aus dem *Dhâtupâṭha* enthaltend. Für die Erklärung wortlos, nur für die Textrekonstruktion von Wichtigkeit. Ich habe die Angaben aus ihm nach t und vl geschieden.

2) v. Gleichfalls ohne Verfassernamen. Auch dieses Scholion beschränkt sich auf Anführungen aus dem *Dhâtupâṭha*. Es hält genau Schritt mit der unten erwähnten Handschriftengruppe *C.A.Bhβ*, und ist nach einem von ihrem x abhängigen Ms. gearbeitet. Hdschr. s. u.

Für die Ausgabe der beiden Recensionen stand mir folgendes handschriftliche und gedruckte Material zu Gebote:

α) längere Recension:

Bü. 28 Bl. Korrekt. Vorzügliche Jainaschrift. Aus Prof. *Bühler's* Handschriftensammlung; jetzt in der Bibliothek des India Office. Kurz erwähnt Ztschr. d. d. morg. Ges. 42, 540. Das Ms., 200—300 Jahre alt, bietet nach jeder Strophe des Textes die oben charakterisierte Glosse des *Ravidharman* (r.). Die Zeichen für *v* und *c* werden promiscue gebraucht; *b* und *ch*, sowie *p* und Anfangs-*e* sind identisch. *th* und *gh* kommen sich oft so nahe, dass rein graphisch eine Scheidung unmöglich wäre. Ich habe die Hdschr. mit Dr. *Rost's* und Prof. *Bühler's* gütiger Erlaubnis längere Zeit benutzen dürfen.

D. = Ind. Off. 2539 c (*Eggeling* 930).

Bh^{a}. Eine auf Prof. *Kielhorn's* Veranlassung von Dr. *Bhâṇḍârkar* in zuvorkommendster Weise besorgte saubere Abschrift eines Manuskriptes aus *Pâṭaṇ* in *Gujarât* (*Bhâṇḍârkar,* Report 8).
D. und **Bh**^{a}. stimmen des Öfteren in Fehlern überein, und dürften deshalb auf eine gemeinsame Quelle führen. In Fällen, die nicht zu entscheiden waren, habe ich **Bü.** als der weitaus besten Handschrift vor **D.** und **Bh**^{a}. den Vorzug gegeben.

Handschriften der Kommentare zur längeren Recension:

r. in **Bü.**
r^{1}. = Ind. Off. 2539*d* (*Eggeling* 931).
Geschrieben offenbar von derselben Hand wie **D.** Vor der Erklärung jeder Strophe ist gewöhnlich der Anfang des Textes (ein oder zwei Worte) gegeben (z. B. *eko 'pîti; na kshâmyatîti*). Diese Anfänge stimmen in Fehlern mit **D.** überein, auch wo der Komm. selbst richtig gelesen hat, sind also von einem Schreiber aus **D.** oder **D's** Vorlage abgeschrieben und der eigentlichen Erklärung vorgesetzt.

β) jüngere Recension:

B. = Ind. Off. 346b (*Eggeling* 926). Sehr inkorrekt.
L. Calcutta-druck des *Lakshmî-Nârâyaṇa* vom Jahre 1830/31 (*Gildemeister,* Bibl. pg 112); in Bengalicharakteren, etwas besser als **B,** aber immer noch sehr fehlerhaft.
Titel: *Vopadevakṛtadhâtupâṭhaḥ Durgâdâsakṛtâ dhâtupâṭhadîpikâ ca Kavirahasyaṁ Kavirahasyavivṛtiç ca Kalikâtâmahânagare çâstraprakâçamud[r]âyantre Çrî-Lakshmî-Nârâyaṇanyâyâlaṅkâreṇa mudritâbhût. Çakâbdâḥ 1752. Samvat 1887. 8*°.
Das Buch scheint selten zu sein. Mir hat das Exemplar der Roy. As. Soc. of Gr. Br. and Irel. für längere Zeit zur Verfügung gestanden.

T. *Kavirahasyam,* or a root-lexicon within a poem. By *Bhaṭṭa-Halâyudha* edited with notes by *Sourindro Mohun Tagore*... Calcutta 1879. 8°.
Stimmt fast durchweg zu L. Mit wertloser Einleitung, einem *dhâtuvivaraṇa* und in Sanskrit geschriebenen Noten, die zeigen, dass der Herausgeber in den meisten Fällen richtig verstanden hat. Der Text ist durchaus unkritisch. Varianten sind fast nie angegeben. Von der Existenz der längeren Recension ist dem Herausgeber nichts bekannt gewesen.

F. Florentiner Ms. Sehr schöne Bengalischrift.
Dasselbe stand mir vor einigen Wochen durch Prof. *Pavolini's* Güte für eine Kollation zur Verfügung. Es stimmt recht genau zu T., was erklärlich wird, wenn man die auf einem Vorblatte stehnde englische Widmung und den Schluss der Handschrift ansieht.
For submission. To the Oriental Congress of Florence. With *Sourindro Mohun Tagore's* highest esteem and most distinguished consideration. Calcutta 29/8/78.
Schluss:
çâke khabinduvasvindau[1]) *randhrayugmaprame* (!) *tathâ* | *çrâvaṇasyâlikhad idaṁ Candrânto Mahimadvijaḥ* || *mahânubhâvasya*[2]) *kṛtino râjñaḥ Çrîyuta-Çaurîndra-Mohaṇasya Thâkurakulatilakasya likhitam idam anumatyâ* || *çrîçrî-Harir jayati* ||
Also *Çâke* 1800 = A. D. 1878.
F. wird in den kritischen Noten nur dann citiert, wenn es eine andere Lesart als T. bietet.

G. Abdruck des jüngeren *Kavirahasya* in der *Granthaṛatnamâlâ* Bombay 1888.
Derselbe ist mir nach Vorlegung der Arbeit zu Gesichte gekommen. Ich werde bei der Publikation des Textes über ihn referieren.[3])

1) geschr. °*vashvindau.* 2) geschr. °*bhávasya.* 3) Dieser Abdruck ist auch in einem neuen Umschlage mit der Jahreszahl 1891 im Buchhandel (*Iyeshtaram Mukundjee's* Catalogue 1892 No. 575.

In einigen Fällen stimmen **B.** einerseits und **L. T.** andererseits in Fehlern überein, so dass man ein Zurückgehn auf gemeinsame Quelle vermuten muss.

Hierzu der oben besprochene anonyme Kommentar in doppelter Quelle:

t. Bengalihandschr. = Ind. Off. 726b (*Eggeling* 928)
vl. die von *Lakshmî-Nârâyaṇa* abgedruckte Glosse.

Eine scharf geschlossene Gruppe unter den Handschriften der jüngeren Recension bilden:

A. = Ind. Off. 2535b (*Eggeling* 925)
C. = Ind. Off, 890c (*Eggeling* 927)
Bh *β*. Eine von Dr. *Bhâṇḍârkar* besorgte saubere Abschrift eines Manuskripts „from the Marâṭha country“.

Die Handschriften stimmen fast in jeder Strophe in Fehlern überein, sie gehn also mit Sicherheit auf ein x zurück.

Dazu Kommentarhandschrift:

v. = Ind. Off. 45b (*Eggeling* 929).

Zum Glück ist die Überlieferung des eigentlichen *Kavirahasya*, der längeren Recension, im allgemeinen ziemlich gut zu nennen, so dass ich glaube, abgesehen von einigen Strophen, einen verhältnismässig sichern Text bieten zu können. Leider gilt dasselbe mit nichten von der jüngeren Recension. Bei einer Reihe von Strophen ist eine derartige Verwirrung in die Handschriften geraten, dass die Aussicht, bei der kritischen Herstellung des Textes thatsächlich das Richtige zu treffen, oft gering wurde.

Bei der Auswahl der Lesarten habe ich das Princip befolgt, offenbare Schreibfehler und rein orthographische Abweichungen (wie z. B. Verdoppelung nach *r* und *h*) unberücksichtigt zu lassen, dagegen alle wirklichen varias lectiones und eventuelle Korruptelen von solchen genau anzuführen. Manchem werde ich zu weit gegangen sein; allein ich wollte mir lieber den Vorwurf zuziehen, Wertloses erwähnt zu haben, als den, an Wesentlichem mit Stillschweigen vorübergegangen zu sein.

Ebenso sind bei den Citaten aus den Kommentaren in den erklärenden Anmerkungen offenbare Schreibfehler stillschweigend verbessert. Dagegen ist jede, auch die völlig auf der Hand liegende, Konjektur, durch Angabe der handschriftlichen Lesung, als solche gekennzeichnet. So weit die Worte der Kommentare für die Textgestaltung von Wichtigkeit waren, sind sie bei den Lesarten angeführt, dann aber natürlich verbotenus.

Nachtrag.

Die *Vaijayantî*, deren Verhältnis zur *Abhidhânaratnamâlâ* noch zu untersuchen ist, s. Bühler, Ind. Ant. XVIII, 185. (vgl. oben S. 20), kommt mir erst jetzt zu Gesichte. In derselben finden sich folgende der oben S. 23 ff. behandelten Wörter: *jalaranku* 26, 22. *kadalî* (nicht *kadalî*) *kariṇâṁ ketuḥ* 111, 172. *kaṅkapattra* 119, 361. *khalûrikâ* 120, 388.

Lebenslauf.

Ich, Ludwig Heller, bin am 18. August 1866 zu Travemünde bei Lübeck geboren als Sohn des Pastors D. Ludwig Heller und seiner Ehefrau Sophie, geb. Jantzen. Von Ostern 1878 bis Ostern 1886 besuchte ich das Gymnasium zu Lübeck. Am 29. Juni 1878 verlor ich meinen Vater durch den Tod. Nachdem ich vom 1. April 1886 bis zum 1. April 1887 in Erlangen meiner Militärpflicht genügt hatte, bezog ich die Universität Göttingen, auf der ich mich bis zum Sommer-Semester 1893 aufgehalten habe. Ich besuchte die Vorlesungen der Herren Professoren Bechtel, Brandl, Dziatzko, Heyne, Kielhorn, Lange, W. Meyer, W. Müller, Pietschmann, Roethe, Sauppe, v. Wilamowitz. Allen meinen verehrten Lehrern sage ich hiermit meinen aufrichtigen Dank.